企業の身近な危機管理

森田 俊一郎
Shunichiro Morita

不祥事など事例分析で分かったこと

学術研究出版

目 次

まえがき 11

構成の概要 13

第 1 章　企業の危機管理
　　　　　―危機管理責任の根拠は何か―

1　はじめに 20

2　先行研究 21

　2-1　危機の概念と危機管理 21
　　(1) 危機の概念 21
　　(2) 危機管理 22

　2-2　責任論・責任の原点・責任の概念 23
　　(1) 責任論 23
　　(2) 責任の原点 26
　　(3) 責任の概念 27

3　問題提起 28

　3-1　企業の事故や不祥事はなぜ繰り返されるか 29
　3-2　危機管理責任はなぜ生じるか 31

4　危機管理責任の定義と、危機管理責任の根拠 32

　4-1　危機管理責任の定義 33
　4-2　危機管理責任の根拠 34

5　危機管理責任と無過失責任との関係・2つの裁判事例の選定 37

　5-1　危機管理責任と無過失責任との関係 37
　5-2　2つの株主代表訴訟の選定基準 38

6　「蛇の目ミシン株主代表訴訟」と「ダスキン株主代表訴訟」 39

　6-1　「蛇の目ミシン株主代表訴訟」 40
　6-2　「ダスキン株主代表訴訟」 41

7 2つの株主代表訴訟の分析　43
　　7-1 分析の結果明らかになったこと　44
8 結論　46
　　8-1 本研究のまとめ　46

第2章　悪質クレーム（カスハラ）
―正当性の限界―

1 はじめに　50
2 先行研究　51
　　2-1 苦情とクレームの年代的流れ　51
　　2-2 前期と後期のクレームなど　53
3 クレームと悪質クレーム（カスハラ）の意義　56
　　3-1 クレーム　56
　　3-2 悪質クレーム　57
4 いわゆるハラスメント指針と悪質クレーム（カスハラ）の被害状況など　58
　　4-1 いわゆるハラスメント指針など　59
　　4-2 悪質クレーム（カスハラ）の被害状況　60
5 悪質クレーム（カスハラ）の正当性の限界　61
　　5-1 悪質クレーム（カスハラ）の責任追及の分類　62
　　5-2 社会的相当性論　63
6 問題提起　65
　　6-1 悪質クレーマーはお客様か　65
　　6-2 悪質クレーム（カスハラ）担当者の負担をどうするか　66
7 裁判例の選定と「美容師クレーム事件」・「セコムクレーム事件」　67
　　7-1 本論で取り上げる裁判例の選定　68
　　7-2 「美容師クレーム事件」　68
　　7-3 「セコムクレーム事件」　69

8　2つの事件の分析と、悪質クレームの責任追及に適用すべきもの　71
　　8-1　2つの事件の分析　72
　　8-2　悪質クレーム（カスハラ）の責任追及に適用すべきもの　73
9　結論　74
　　9-1　本論のまとめ　75

第3章 職場のパワーハラスメント
　　―違法性の要素は何か―

1　はじめに　78
2　先行研究　79
　　2-1　パワハラ概念の外国と日本との対比　80
　　2-2　パワハラの法適用と精神障害　82
3　パワハラの増加と問題提起　84
　　3-1　パワハラの増加　85
　　3-2　指導・教育とパワハラの境界は何か　86
　　3-3　長時間労働はパワハラか　87
4　パワハラ防止の義務化とパワハラ防止法に対する議論　88
　　4-1　パワハラ防止の義務化　89
　　4-2　パワハラ防止法に対する議論　90
5　人格権のレビューと新たな精神的侵害　92
　　5-1　パワハラと人格権のレビュー　92
　　5-2　従来の不法行為と新たな精神的侵害　93
6　人格権論と「新しい人権」としての人格権　94
　　6-1　人格権論　94
　　6-2　「新しい人権」としての人格権　95
7　2つの裁判事例　97
　　7-1　「サン・チャレンジほか事件」　97

  7-2 「ザ・ウィンザー・ホテルズインターナショナル事件」　98
8　考察　99
  8-1　2つの裁判事例の分析　100
  8-2　パワハラの違法な精神的負荷の判断基準　101
9　結論　102
  9-1　本論のまとめ　103

第4章　津波災害の危機管理
―管理者に求められる責任は何か―

1　はじめに　106
2　先行研究　107
  2-1　津波対策はハード期とソフト期に分類　108
  2-2　津波の特徴　108
  2-3　津波の心理作用　110
3　問題提起　113
  3-1　管理者の事前対策について問題があった例は何か　114
  3-2　管理者の判断の誤りを指摘された例はあるか　115
4　津波災害と危機管理　117
  4-1　津波の危機管理　117
  4-2　想定外という概念と津波　118
5　2つの裁判事例の比較検討　120
  5-1　2つの事件の選定　120
  5-2　「七十七銀行女川支店事件」　121
  5-3　「自動車教習所事件」　122
6　両事件の類似点と相違点　123
  6-1　類似点　123
  6-2　相違点　124

7　比較検討した内容と、想定外の津波の責任追及　125
　7-1　比較検討した内容　126
　7-2　想定外の津波の責任追及　127

8　考察　128
　8-1　想定外の津波と「社会影響責任」の対比　128
　8-2　「社会影響責任」の位置関係　129

9　結論　130
　9-1　本論のまとめ　131

第5章　施設事故の危機管理
―土地工作物責任、重要な要素は何か―

1　はじめに　136

2　先行研究　137
　2-1　土地工作物責任制定の経緯　137
　2-2　土地工作物概念の拡大　139

3　問題提起　140
　3-1　台風などの自然災害で他人に損害を与えた場合責任は問えるか　141
　3-2　適法な手続きで行われた場合は免責されるか　142

4　工作物責任と2つの裁判事例の選定基準など　144
　4-1　工作物責任の定義と要件等　144
　4-2　2つの裁判事例の選定基準と分析基準など　145

5　2つの裁判事例の概要と裁判の流れ　146
　5-1　「介護施設における入所者転倒事故事件」　147
　5-2　「保育園屋上駐車場からの車両転落事故事件」　148

6　考察　149
　6-1　2つの裁判事件の分析内容　150
　6-2　分析から明らかになったもの　151

7 工作物の安全性の高さと安全性の区分　153
　　7-1　工作物の安全性の高さ　153
　　7-2　工作物の安全性の区分　154
8 結論　155
　　8-1　本論のまとめ　156

第6章　近隣騒音の受忍義務
　　　　―重要な要素は何か―

1 はじめに　160
2 先行研究　161
　　2-1　裁判で争われた論点に関するもの　162
　　2-2　受忍限度論の研究　164
3 問題提起　166
　　3-1　環境基準より高い騒音であれば責任を問えるか　166
　　3-2　騒音のあることを承知して入居した場合、損害賠償を請求できるか　167
4 騒音と近隣騒音、騒音苦情の状況　169
　　4-1　騒音と近隣騒音　169
　　4-2　騒音苦情の状況　171
5 近隣騒音に関係する関係法令と受忍限度論　172
　　5-1　近隣騒音に関する関係法令　173
　　5-2　受忍限度論　175
6 近隣騒音の特徴と子供の声と騒音　177
　　6-1　近隣騒音の特徴　178
　　6-2　子供の声と騒音　179
7 2つの裁判例　181
　　7-1　裁判例の選定　182
　　7-2　「スポーツ施設騒音事件」　182

  7-3 「保育園騒音事件」 183
 8 2つの裁判例の分析と、事前と事後の損害回避措置 184
  8-1 2つの裁判例の分析 185
  8-2 事前と事後の損害回避措置 187
 9 結論 188
  9-1 本研究のまとめ 189

第7章 「企業市民」の必要な要素は何か
―経営者・労働者・社会的ネットワークの視点から―

 1 はじめに 192
 2 先行研究 193
  2-1 「企業市民」について 193
  2-2 社会的ネットワークの特徴と市場とネットワークの関係 195
 3 問題提起 197
  3-1 企業はコンプライアンスを尽くせば社会的責任を果たせるか 198
  3-2 「企業市民」と社会的ネットワークの関係はどうか 199
 4 企業の責任 200
  4-1 企業の責任の内容 201
  4-2 社会影響責任 202
  4-3 危機管理責任と判例 203
 5 CSRと「企業市民」との関係・「企業市民」への取組企業 206
  5-1 CSRと「企業市民」との関係 206
  5-2 「企業市民」への取組企業 207
 6 「企業市民」の要素 208
  6-1 「企業市民」の要素の根拠 209
  6-2 経営者の観点からの要素 211
  6-3 労働者の観点からの要素 212

7　社会的ネットワーク　215
　　7-1　ネットワークとは　216
　　7-2　企業活動にネットワークはどのような影響を及ぼしているか　217
　　7-3　社会的なネットワークの観点からの要素　218
8　2つの事例の選定と概要　221
　　8-1　2つの事例を選定した基準　221
　　8-2　「関西電力の金品受領事案」　222
　　8-3　「小林化工の睡眠剤混入事案」　222
9　考察　223
　　9-1　2つの事案の分析　224
　　9-2　比較検討して明らかになったこと　226
　　9-3　「企業市民」の要素の重要性　227
10　結論　229
　　10-1　本研究のまとめ　229

終章　本書の結論

1　本書全体の要約と本稿の意図　232
2　本書の研究で分かったことと、新規性について　234
3　本書の特徴　236

注と参考文献　238
あとがき　249
著者のプロフィール　250

まえがき

　私の研究分野は、企業など組織の危機管理である。危機管理という問題は、一個人のプライベートな面から大規模な自然災害や国の紛争などきわめて多岐にわたる。こうした中、私が企業などの組織に関する危機管理に注目したのは、自分自身社会人になり組織社会で生活していく過程において、危機に直面した場合に多くの人を管理する立場者の対応いかんによっては、組織そのものの存続問題となり、最悪の場合、従業員や顧客など人の生命・身体の安全にもかかわるという重大な問題を含んでいるからである。企業などの組織にとって、不確実性のある危機は避けて通れないものといえる。執筆者として、企業など組織の危機管理に当たる管理者には、人の生命や身体を守ることを最優先に取り組んでほしいという思いがある。そうすることによって企業などの組織も継続して発展していくものと確信している。

　本書のタイトルは、企業の身近な危機管理とし、サブタイトルとして不祥事など事例分析で分かったこととした。補足しておきたいのは、タイトルは、企業の身近な危機管理としているが、内容的には企業に限らず、公的な組織や団体にも該当する問題であるということ。身近な危機管理として取り上げた対象は、いわゆるカスハラ・パワハラ・津波災害・施設事故・近隣騒音・子供の声と騒音である。総論的には、危機管理責任・近年注目されている「企業市民」について考えた。

　私が研究論文に出会ったのは、放送大学修士全科生として同大学大学院社会経営科学プログラムの経済学教室に入学した時である。同期の院生の多くは、豊富な人生経験を積んだ様々な分野の社会人という特徴があった。その為、毎月開催されたゼミでは、発表者の研究論文テーマに沿って貴重な体験を交えた活発な議論が展開されとても楽しく過ごした思い出がある。

　修士課程修了の際、指導教官から「今後も、第二論文・第三論文にチャ

レンジしてもらいたい」という言葉をかけていただいたことが印象に残った。以来、同大学経済学教室のOBGや院生などがメンバーになっている研究会に入会させていただき、現役院生のゼミに参加させていただくなどの交流を通じた研究活動や第一線で活躍している諸先輩方の貴重な研究発表に触れながら継続した研究に取り組んだ。

本書は、2016年放送大学社会経営研究編集委員会発行の機関誌「社会経営ジャーナル」第4号から第8号に投稿した小論文と、その後、執筆した研究論文をまとめたものである。今回の出版に当たり関係法令の改正があったものは、その法改正を踏まえた内容に書き改めた。さらに、近年の統計や、関係する最新の判例などにも配意して作成したつもりである。

拙論が、危機管理に関心のある方々に一瞥していただければ幸いである。

構成の概要

　本書の全体的な構成について紹介すると、第1章と第7章は、企業などの危機管理の総論的なものとして、危機管理責任の根拠と近年注目されている「企業市民」について論じる。第2章から第6章までは、各論的な内容として、深刻な社会問題になっているいわゆるカスハラ・パワハラ・津波災害・施設事故・近隣騒音を取り上げる。近隣騒音では、子供の声と騒音について議論する。終章では、本書の総括をまとめる。以下、各章の概要を説明する。

　第1章は、企業の危機管理―危機管理責任の根拠は何か―というタイトルである。危機管理責任の根拠は、危機管理責任がどのようにして生じたか等によって第一に「組織的なもの」、第二に「事物的なもの」、第三に「社会的信頼」、第四に「経営者個人」という4つに区分されると考えた。
　そこで実際には、その4つのどれに該当するかを探るため、比較基準として設定した①判決の根拠は何か、②経営者の対応理由は何か、③裁判において判断された背景は何かという項目を実際に起こった「蛇の目ミシン株主代表訴訟」と「ダスキン株主代表訴訟」の裁判例に当てはめ分析した。
　その結果、明らかになったことは、両株主代表訴訟について、前述の①は善管注意義務違反に該当するという第四の「経営者個人」であったが、他の②と③は第三の「社会的信頼」が優勢であることが確認された。したがって、危機管理責任の根拠は、「社会的信頼」であると結論づけたことを述べる。

　第2章は、悪質クレーム（カスハラ）―正当性の限界―いわゆるカスハラというテーマである。この章では、悪質クレーム（カスハラ）の正当

性の限界を論述する。

　正当性の限界は、第一に、「刑罰法規に抵触する場合」、第二に、「他人の権利・利益を侵害した場合」、第三に、「社会的相当性を逸脱した場合」、第四に、「受忍限度を超えた場合」という4つに区分できると考えた。そこで実際には、どの部分に該当するかを探るため、「美容師クレーム事件」と「セコムクレーム事件」を取り上げ、分析基準の①裁判所が注目した点は何か、②逸脱したところは何かを当てはめて分析した。

　その結果、本研究で明らかになったことは、部分的には、第一の「刑罰法令に抵触する場合」、ないし第二の「他人の権利・利益を侵害した場合」に該当したが、裁判所が特に重視したのは、第三の「社会的相当性を逸脱した場合」と第四の「受忍限度を超えた場合」に該当したことである。

　そこで、第三または第四のどちらを悪質クレーム（カスハラ）の正当性の限界に適用すべきかを考察したところ、適用すべきは「社会的相当性を逸脱した場合」であることを論述する。

　第3章は、職場のパワーハラスメント―違法性の要素は何か―について、いわゆるパワハラに関する論文である。職場のパワーハラスメント（以下、「パワハラ」という。）は、2020年6月施行された労働施策総合推進法と、同法の規定を受けたいわゆるパワハラ防止指針において法的に定義づけられ、事業主の措置義務などが規定された。しかし、この法律は、パワハラを直接的に禁止するものとはいえず、保護法益がはっきりしていないという問題があった。

　そこで本稿では、イルゴイエンヌと磯村の主張を解釈して「パワハラは、精神に関する人格権を侵害する」という仮説を提起した。次に、この仮説を実証すべく「サン・チャレンジほか事件」と「ザ・ウィンザー・ホテルズインターナショナル事件」を取り上げ、分析基準の①適用した法律は何か、②パワハラ行為が与えた影響は何か、③侵害した法益は何かを当てはめ分析した。その結果、パワハラ行為は、他人の心理的負荷と

肉体的・精神的苦痛を与えるものであり人格権の侵害に該当することが確認された。このことは、前述の仮説と符合するものである。したがって、パワハラを違法とする要素は、精神的な人格権であると結論付けたことを論じる。

　第4章は、津波災害の危機管理―管理者に求められる責任は何か―と題する論文であり、いわゆる津波災害を取り上げた。研究方法は、第一段階として東日本大震災の津波で犠牲になった遺族が企業の管理責任をめぐって起こした「七十七銀行女川支店事件」と「自動車教習所事件」の裁判事例を比較検討し、前者事件の仙台高裁が指摘した内容から想定外の津波に備えることが管理者に求められる責任であると考えられた。それでは、想定外の津波に備える責任は何かを考察し、ヨナスとドラッカーの主張から「社会影響責任」の概念を導き出した。
　第二段階として、想定外の津波をその「社会影響責任」の概念に当てはめて対比したところ、第一に、人命を奪う想定外の津波は、社会に与える影響が大きいこと、第二に、法的責任を超えた広い概念であり、具体的な予見可能性を必要としないこと、第三に、津波災害は、企業または個人が意図しないで社会に与える影響であり責任を負うべきであることから想定外の津波に備える責任は、「社会影響責任」に該当することが明らかになった。そして、本研究の結論として、管理者に求められる責任は、想定外の津波に備える責任を内在する「社会影響責任」であることを論じる。

　第5章は、施設事故の管理責任―土地工作物責任．重要な要素は何か―の論文、いわゆる施設事故に関するものである。換言するならば本研究は、工作物責任の成立要件である瑕疵の重要な要素を探るものである。研究方法は、「介護施設における入所者転倒事故」と「保育園屋上駐車場における車両転落事故」を取り上げ、分析基準として設定した第

一、事故の兆候はあったか、第二に、違法性の判断で重視したものは何か、第三に、事故の誘因となったものは何かの三項目を当てはめて分析した。

次に、上述の第二の点に注目して検証した結果、前者事故は、介護施設の設備構造には、特に求められる安全性が必要であり、後者事故は、駐車場の構造には、高度の安全性が要求されることが確認された。これらの事由から、瑕疵の重要な要素は、建物構造や設備などの工作物の安全性の高さであることが明らかになった。付言すると、安全性と工作物責任の要件である瑕疵の関係は、両者は比例関係にあることから求められる安全性が高ければ、瑕疵も大きくなることを述べる。

第6章は、私たちの身近な近隣騒音にスポットを当て、近隣騒音の受忍限度―重要な要素は何か―について考えた。換言すると、この論文は、近隣騒音の裁判において適用される受忍限度で重要な要素は何かを探求するものである。

研究の手法は、「スポーツ施設騒音事件」と「保育園騒音事件」の裁判事例に分析基準として設定した第一、騒音の発生源は何か、第二、騒音の程度はどうか、第三、加害者の損害回避措置はどうかの三項目を当てはめ分析し、上述の第三に注目した結果、受忍限度を判断する重要な要素は、加害者側の損害回避措置であることが明らかになった。本研究における注目点は、近年社会問題になっている子供の声と騒音について議論する。本稿では、子供の声は騒音とは区別すべきであると主張したことを論述する。

第7章は、「企業市民」の必要な要素は何か―経営者・労働者・社会的ネットワークの視点から―と題する研究であり、いわゆる「企業市民」に焦点を当てた。補足すると本稿は、これまで取り上げてきた企業など組織の危機管理の根底にあるものであり、基本となるものといえる。

本研究の第一段階は、国際規格 ISO26000 に注目して経営者と労働者の観点から、①統合、②説明責任、③主体的行動、④同調回避の要素を選定した。第二段階では、社会的ネットワークの観点から⑤関連業者ネットワーク、⑥社内ネットワークの要素を抽出した。

第三段階は、それらの要素を実際に起こった「関西電力の金品受領事案」と「小林化工の睡眠剤混入事案」の事例に当てはめて分析した。その結果、前者事案は、①、④、⑥が重要であり、②、③、⑤は、必要なものであった。後者の事案は、①、②、⑥が重要で、③、④、⑤は必要なものであった。

第四段階では、両事案の相違点と同一点を確認したところ、本研究で明らかになった最も重要な「企業市民」の必要な要素は、①から⑥の全てであることを論述する。

終章においては、本書を総括して、第一に本書全体の要約と本稿の意図、第二に、本研究でわかったことと新規性について、第三に本書の特徴について述べる。

第1章

企業の危機管理
―危機管理責任の根拠は何か―

1　はじめに

　企業など組織における事故や不祥事は、その企業などに危機をもたらす。経営者や管理者が危機に直面した際、どのように対応し管理して行くかが重要となる。危機管理責任は、企業などにおいて事故や不祥事が発生した時、その対処にあたるべき者の責任を明確にし、対処義務を怠った場合は、責任を追及するものである。

　本研究の主たる目的は、危機管理責任の根拠を探ることである。最初に、先行研究として、危機の概念と危機管理、責任論・責任の原点・責任の概念について概観した。続いて、この根拠を明らかにする過程で関係する問題について議論した。1つ目は、企業の事故や不祥事はなぜ繰り返されるかということ、2つ目に、危機管理責任はなぜ生じるかという点である。

　次に重要な点について説明する。本研究では、危機管理責任の根拠は、第一に「組織的なもの」、第二に「事物的なもの」、第三に「社会的信頼」、第四に「経営者個人」という4つに区分できると考えた。そこで実際にはどれに該当するかを探るため、民事裁判で争われた2つの株主代表訴訟を取り上げ比較検討した。その結果明らかになったことは、いずれも会社の信用が失われてしまうという第三の「社会的信頼」によることが原因で生じたことが確認された。

　さらに、4つに区分される危機管理責任の根拠に照らしてどうかという点について、比較基準として、①判決の根拠は何か、②経営者の対応理由は何か、③裁判において判断された背景は何かという三項目に従って分析した。その結果、「蛇の目ミシン株主代表訴訟」と、「ダスキン株主代表訴訟」について、前述した①は、善管注意義務違反等に該当するという第四の「経営者個人」であったが、他の基準②、③では第三の「社会的信頼」が優勢であることが確認された。以上のことから危機管理責任の根拠は、「社会的信頼」が重要な要素であると結論づけられた。

2　先行研究

第2節の先行研究では、第一に、危機の概念と危機管理、第二に責任論・責任の原点・責任の概念について概観してみたい。第一の点について、林　春男ほかによれば、組織にとって危機には、4つの特徴が含まれていること。危機管理とは、リスクに立ち向かい、個人、組織の安全・安心を守り、組織がその機能を継続的に果たすために必要不可欠な系統的技術であること。危機管理のための対策は、被害防止と発生した被害軽減という2つの対策から構成されることを述べる。さらに、本位田と野口が主張する、危機管理の6つのカテゴリーについて説明する。

第二の責任論は、ハンス・ヨナスが述べている不確実性と責任の相互性、未来責任について述べ、イマヌエル・カントによれば、「責任とは他者に対する責任であり、他者との関係に由来する。他者からの呼びかけに応答する責任があり、さらに応答によって始まるコミュニケーションの中でようやく明らかにされる」と論じていることを説明する。また、ドラッカーが主張している社会的影響への責任と、責任の基本ルールについて論ずる。

責任の原点は、ハンス・ヨナスによれば「子どもを持つということの中に、あらゆる責任の原点がある」などと述べていることを確認し、厚東偉介は、「責任は、1970年代から80年代にかけて伝統的な負荷・負担を中心とする概念から応答・対応へと大きな変化が生じた」などと論じていることを述べる。

責任の概念は、大庭　健は「責任には通常、過去の悪口・過ちを償う義務といった意味合が強い」などと主張していることを確認する。

2-1　危機の概念と危機管理

(1) 危機の概念

危機の概念と、危機管理について確認すると、前者は、林　春男ほか（2008）によれば「組織にとって危機には、以下の4つの特徴が含まれて

いる。①予想外の出来事、②悪い結果をもたらす出来事、③業務を中断しても対応する出来事、④組織全体として対応を必要とする出来事である。」(p.3)と述べている。

　この４つの特徴について解釈すると、上述の①は、例えば、工場の燃料タンクが爆発してしまった場合である。企業としては定期点検をしていて問題がなかったのに突然に爆発事故が発生してしまった。企業側からすれば、起きるはずがないと思っていたこと、考えもしていなかったことが起きたということである。②は、爆発によって従業員が死傷し、あるいは施設が損壊した。事故が起こったことにより企業の安全性に対する信用が低下し、あるいはその信用を失う。企業の施設が損壊したことによって生産活動などの業務ができなくなってしまう。企業側にとってマイナス面が大きい結果をもたらしたということである。

　③は、企業側は、負傷者を救護し、被害の拡大を防止するなどの措置をとるために関係機関に対する通報や非常消火装置を作動させたりするなどの対応をとらなければならない。そのような対応は通常の仕事をしながらできることではない。しかもそのような救護措置などは短時間に行う必要がある。そのためには通常の業務を中断し、集中して行うこととなる。④は、企業が集中した対策を迅速に行っていくには、担当する１つの課だけでは対応できない。企業のトップである経営者以下管理職や社員が総力をあげて対応にあたらなければならない。まさに企業にとって重大な問題である。このように危機とは、通常考えていなかったことが突然起こった緊急事態ということになる。

(2) 危機管理

　後者について、林　春男ほか(2008)は「危機管理とはリスクに立ち向かい、個人、組織の安全・安心を守り、組織がその機能を継続的に果たすために必要不可欠な系統的技術である」(p.32)と述べている。企業が緊急事態に陥ったときは、いかにマイナス面を少なくして早期に平穏な

元の経営状態に戻していくかが問われる。管理するとはそれをいかにコントロールするかということである。工場の燃料タンク爆発事故を例にとると、従業員が死傷し、施設が損壊するという被害が発生する。そのため、企業としては被害者の救護措置や付近に延焼が及ぶ恐れのある事態を防止するなど総合的に対応しなければならない事態となる。危機管理とは、このような緊急事態が発生した時に組織として当然果たすべきことに取り組み被害を最小限度にして早期に健全な状態に回復させることである。

企業が緊急にとらなければならない対策について、林　春男ほか（2008）は「危機管理のための対策は、被害を出さないための対策（被害防止）と発生した被害を最小限度にとどめる（被害軽減）という２つの対策から構成される。」(p. 87) と論じている。この点に関して本論では、発生することが差し迫った状態にあったときは、危機管理の範囲に含むと解したい。その理由は、危機が発生するときは、ほとんどの場合兆候があると考えられるからである。この点は、後で取り上げる危機管理責任でも繰り返し説明していきたい。

他方、本位田正平，野口和彦（1996）によれば、危機管理の６つのカテゴリーとして「第一に純粋に経営内部の問題とされる危機状態、第二に外部との関係が大きい経営問題、第三に火災や爆発、交通事故、労災事故などの事故、第四に自然災害、第五に犯罪、第六に個々の企業としてまたは個人としてもまったく手を打てない類の危機がある。」(p. 123) と述べている。両者は、企業が関係する危機管理は、多様であることを説明している。

2−2　責任論・責任の原点・責任の概念
(1) 責任論

ハンス・ヨナス（2000）によれば、第一に不確実性に関すること、第二に責任の相互性、第三に未来責任について以下のように論じている。前

述の第一の点は、「かりに行為者に悪意がなくとも、かりに損害が予見されず、意図されていなかったとしてもそうである。私の行為が原因であったなら、それで十分である。」(p. 162)と述べている。このことは危機による損害の発生が起きるか起きないかわからないという予見できないこと、すなわち危機に不確実性があっても責任を負うべきであると解釈される。この点は、危機管理責任追及の場面において重要である。

　第二の点は、「相互性に基づいている。その考えによれば、私の義務は他者の権利に私の側で呼応するものであり、他人の権利は、私の権利が他者へと投影されたものである」(p. 69)と述べている。他者にとって権利があれば、行為者には果たさなければならないという義務が生ずる。例えば、AがBとの追突による交通事故によってBの車に凹損を与えた場合、被害を受けたBは、Aに対して事故の原因は追突によるものだから損害を補償してもらいたいと要求する権利があり、Aにはそれを賠償する義務がある。逆にBがAに対して追突事故を起こした場合は、AにはBに対して損害賠償を請求する権利があり、Bには損害を賠償する義務が生ずる。一方に権利があれば他方に対して権利を主張し、他方にはやるべきことを行う義務がある。それは立場が違えば同じである。このように責任には相互性があるという。しかし、責任に相互性については疑問がある。例えば自然保護に関して、人はむやみに自然を破壊する権利があるだろうか。否それはないはずである。権利だといって人間の都合でむやみに自然破壊をすればそこで生きる動植物は、深刻な影響を受けることになる。地球上に生きる人間として他の動植物と共存を図る義務があるといえる。このように権利がなくても義務が生ずるという一方的な責任もあると考える。

　第三の点は「責任の範囲は、未来を予見する知識と未来に影響を及ぼすことのできる力によって決まってくる」(p. 140)と述べ、さらに「現代の世代には未来世代への責任がある。」(p. 403)と論じている。ハンス・ヨナスの特徴は、未来責任を論じたことであるといえる。

他方、イマヌエル・カント（2004）は、「カントと責任論」の著書のなかで応答と責任について「責任とはそもそも、他者に対する責任であり、他者との関係に由来することになる。」と述べ、さらに「他者からの呼びかけに応答する責任があり、さらに応答によって始まるコミュニケーションの中でようやく明らかにされる。」(p.23)と述べている。責任は、責任を負うべき行為者とその責任の受け手である被行為者との関係にある。責任は被行為者に対する責任の問題である。また、行為者は被行為者から問われたことに対して対応する責任があり、その対応過程によってどのような責任であるのが説明される。例えば、AがBに対して健康器具の欠陥品を販売したところ、それを使用したBが怪我をした場合、Bに対する損害補償の問題が生じる。それは販売したAと購入したBとの関係があるからである。また、AにはBの損害賠償してもらいたいという要求に応じる責任があり、AがBの要求に応じる過程でどのように責任を負うのかが説明される。このように責任には応答という関係がある。

　また、ドラッカー（2008）は、「マネジメント　務め、責任、実践Ⅱ」の著書で、社会的影響への責任と、責任の基本ルールについて以下のように説明している。前者については、「自分たちがまわりに影響を及ぼしたなら、それは意図したものであろうとなかろうと、やはり責任を負わなくてはならない。組織が社会に与える影響に関して、経営層には確実に責任がある。それに対処するのが経営層の務めである。」(p.390)と述べている。企業が事故や不祥事を起こした結果、消費者不安などの影響を与えたのであれば、その原因が故意ではなく過失であったとしても企業経営者は責任を負うべきであり、その事案に対処するのが企業経営者の務めであるという。企業の経営者には、社会に影響を与えたということだけで責任があるという主張は、企業経営者の責任の重さを厳しく問いかけているものと考える。この点は、企業責任を考えるに当たりおさえておく必要がある。

後者については、「何より大切なのは、害を及ぼさないことは職業倫理や公的な責任論理の基本ルールである。意図して害を及ぼすことがないように自らの言動を律するのが自分たちの務めなのだと学ばなくてはならない。」(p. 485) と論述している。企業が社会に対して害を与えないことは経営倫理や責任倫理の基本的なルールである。企業として意識的に社会に害を与えないようにすることが経営者としての務めである。すなわち、企業経営者は、意識的、無意識的に関わらず社会に害を与えないようにすることが基本的ルールであり、務めなのだと自覚しなければならないことを指摘している。

(2) 責任の原点

　ハンス・ヨナス (2000) によれば「子どもを持つということの中に、あらゆる責任の原点がある。子どもを産む。そしてしっかりと育てる。親と子どもは対等ではない。親が面倒を見なければ子どもは生きてはいけない。親としての責任がすべての責任の根底なのである」(p. 400) と述べている。親と子の関係について親は子供を産み育てる。親が将来、子に面倒をみてもらうために育てているということも聞こえるが、それは一部分であり問題ではない。自分の意志では何もできない純真無垢な子に対する親としてなすべき当然の行為である。そこには損得の利害関係などはない。それは自然界に生きる他の動物や生物の営みに似ている。人の親が子に対してなすべきことそれが責任の原点であるという。
　一方、厚東偉介 (2013) は、「1960 年代から『70 年代』にかけてアメリカにおける厳しい法的過程の中で企業は、市場経済活動の単位だけでなく社会の要求に対応・応答することこそが、企業の責任だとする責任自体の概念も拡大され企業と社会、企業の社会的対応・応答というフレーム・枠組みへと変化した。」(p. 21) と述べ、更に「責任についても 1970 年代から 80 年代にかけて伝統的な負荷・負担を中心とする概念から応答・対応へと大きな変化が生じたのであった。」(p. 22) と論じている。

現代の企業の責任という言葉の歴史はアメリカ社会から始まったと言える。

(3) 責任の概念

責任 responsibility という語は、応答 response と能力 ability に由来する。すなわち呼びかけに応じる状態が責任である。大庭　健 (2002) によれば「責任には通常、過去の悪行・過ちを償う義務といった意味合いが強い。すなわち、ある人Pにあること X の責任があるということは、P は、(積極的にであれ消極的にであれ) 自分の行為によってあしき事実 X を招来したという点で、非難に値するとともに、X の関係者とりわけ被害者に対して謝罪し、所定の手続きに従って償う義務があるというわけである。このように理解される責任は、(1) 過去の行為を、(2) 現行の規範によって評価し、(3) その結果、所定の手続きにしたがって償う義務が生じる、という過去志向的な義務のひとつにすぎない。しかし、哲学的とりわけ倫理学的に考えるとき、こうした法的な責任概念だけではすまない。」(p.645) と述べている。責任は、このように一般的には、過去のあった非難行為に対するものであるが、それ以外にも親が子供に対して、夫婦がお互いに対して責任があるとされる。責任とは、これから起きるであろうこと、あるいはすでに起きたことに原因が行為者 A にあると考えられる場合に、A にはその行為自体や行為の結果に関して法的な責任または道義的な責任があるとされる。

責任は、心に重きを置く考え方と、ある人の行為に重きを置く考え方がある。言い換えれば前者は、人としての信義的、道義的な面を重視することである。後者は、ある人が取った行動そのものを重視することである。また、責任という概念は、何らかの行為の結果だけに適用されるのではなく行われるべきだったのに行われなかったことに対しても適用される。具体的には、企業が顧客に不良品を販売した結果、消費者が健康被害を受けたという場合、その不良品販売という結果責任だけ問われ

るのではなく、企業側は、販売する前に不良品であることの事実を知っていたのであれば当然に販売を中止し、消費者に健康被害が発生しないようにすべき未然防止の責任がある。未然防止は未来責任に関するものである。

　第2節では、先行研究として第一に、危機の概念と危機管理、第二に、責任論・責任の原点・責任の概念について概観した。第一の危機の概念では、林ほかが主張している、組織の危機は4つの特徴が含まれるということについて説明した。危機管理においては、組織に必要不可欠な系統的技術であること、危機管理の対策は、被害防止と被害軽減という2つの対策から構成されるということ、さらに、本位田と野口がいう、危機管理の6つのカテゴリーについて述べた。
　第二の責任論は、ハンス・ヨナスが主張している不確実性、責任の相互性、未来責任と、イマヌエル・カントが述べている応答と責任、ドラッカーが論じている社会影響への責任と責任の基本ルールについて確認した。責任の原点では、ハンス・ヨナスによれば、子供を持つことの中にあらゆる原点があると指摘していること、厚東は、企業責任の歴史についてアメリカの流れを説明していることを論じた。責任の概念では、大庭の主張する責任には過去の悪行・過ちを償う義務の意味合いが強いということなどについて紹介した。

3　問題提起

　本研究に関係する問題提起として、第一に、企業の事故や不祥事はなぜ繰り返されるかという点と、第二に、危機管理責任はなぜ生ずるかということについて考えてみたい。
　第一の点は、武井によれば、都合の悪いことは先延ばしにするという指摘と、ステークホルダー中でも消費者に向ける必要があると主張していることを述べる、企業の事故や不祥事が繰り返されることの要因とし

ては、①誤った経営陣の経営判断として行われること、②コーポレートガバナンス（企業統治）の問題があること、③誤った信頼解釈の問題があることを述べる。

　第二の点は、ドラッカーによれば、企業は社会と経済の中に存在する被創造物であるという指摘と、鈴木，百田が主張する企業は公器であるという言葉などから、①社会的な存在として公器の役割を期待されていること。②ステークホルダーなどに影響を及ぼし、社会不安を引き起こすこと。危機対応に問題があった場合、世論から厳しい批判を受け、裁判においても厳しく判断され巨額の賠償責任を課せられることがあるということで③社会性があり重大であることを論じる。

3-1　企業の事故や不祥事はなぜ繰り返されるか

　2011年3月11日、東日本大震災の際に発生した「コスモ石油千葉製油所のタンク爆発事故」や、2013年9月に問題になった「みずほ銀行の暴力団への融資事案」のように企業による事故や不祥事は幾度となく起こっている。そしてその度に、安全対策を強化する。あるいは、経営を刷新し企業体質を立て直す等の対策が打ち出されている。武井　勲（2007）によれば「日本では、いまだに何もしないということが最高の解決策という発想が残っている。都合の悪いことは何もせず、すべて先延ばしする。」（p.109）と述べ、さらに「現代の経営社会は、まず消費者が中心という時代の幕開けになりつつある。ステークホルダーの中でも、特に消費者に目を向けていかなければならない。」（p.122）と指摘している。彼の主張は、問題を認知した際の対応の重要性と、経営者は何が大事でどこに目を向けるべきかを示唆しているものといえる。

　企業の内部統制は、危機的事案の発生を防止し、発生した場合は、損害を最小限にするため重要である。内部統制について、大阪地裁（H12.9.20）は「健全な会社経営を行うには、リスク管理が欠かせず、会社が営む事業の規模と特性に応じたリスク管理体制いわゆる内部統制シ

ステムを整備することを要する。取締役は、自らが法令を遵守するだけでは十分ではなく、従業員が会社の業務を遂行する際に違法な行為に及ぶことを未然に防止し、会社全体としての法令遵守経営を実現しなければならない。」[注1]と判示している。それでは、内部統制に問題がなければ企業の事故や不祥事はなくなるのか。結論として、企業トップを含む役員が危機的事案に直接関与していた場合は、内部統制は機能しないことがある。これが内部統制の限界である。

　なぜ繰り返されるかという問いに対しては、第一に、経営陣の誤った経営判断として行われること、第二にコーポレートガバナンス（企業統治）の問題があること、第三に誤った信頼解釈の問題があると考える。その第一は、「アパマンショップ株主代表訴訟」で最高裁（H22.7.15）は、経営判断に関して「その決定の過程、内容に著しく不合理がない限り、取締役としての善管注意義務に違反するものではない。」と判示した。[注2] 企業の経営判断が正当なものと認められるには、前述の最高裁判決で示された内容に合致するものでなければならない。しかし、実際には経営陣の誤った解釈で行われてしまう場合がある。

　第二のコーポレートガバナンス（企業統治）は、企業経営のチェック体制を明確にすることで、経営者の独断による暴走をけん制する意味がある。しかし、そのチェックシステムが有効に働いていない場合がある。奥村　宏（2006）は「なぜ責任をとらないのか。それは、経営者の責任を追及する者がいないからである。会社側の示した取締役、監査役がそのまま選任される。社長に反対する監査役はいない。株主総会で会社側の提案がすべて通るからである。」（p.132）と述べている。これは、取締役会や監査役の人選に問題があることを指摘している。

　第三の誤った信頼解釈の問題は、企業の経営者は危機的事案に直面した際、そのことが外部に出ると会社の信用にキズが付くからと隠蔽し、あるいはできるだけ穏便にしようと考えがちである。しかし、実際には逆に事実を隠すことが消費者等の信頼を失ってしまう。これが経営

者の誤った信頼解釈の問題である。

3-2　危機管理責任はなぜ生じるか

　責任とは、担うべき主体が特定されて初めて問われることになる。デービット・ボーゲル（2007）によれば「企業は個人と同等に位置づけられる。社会は個人の社会責任や、良き市民としての行動を問うのと同様に、企業の行動と行為を監視し、批判する。」（p. 94）と述べている。他方、首藤信彦（1990）は「アメリカ企業の場合、CEO（会長、社長）は CEO という権限を全うすべき選ばれたプロの経営者である。CEO は、危機に際しては危機を乗り切って企業を生存させることに全責任を負っている。」（p. 228）と述べている。これらの指摘から、危機管理では、個人と組織の両面から責任に関する問題が生じていることが理解される。

　この問題提起に対する説明は、第一に、社会的な存在として公器の役割を期待されていること、第二に、ステークホルダーに影響を及ぼし、社会不安を引き起こすこと、第三に、社会性があり重大であると考える。

　前述の第一については、ドラッカー（2002）によれば、「企業は社会と経済の中に存在する被創造物である。」（p. 45）と述べている。他方、鈴木幸毅、百田義治（2008）は、「企業は株主のものであるとする株主一元論と、企業は株主ばかりではなく従業員その他のステークホルダーの利害に合致するように運用されるべきであるとするステークホルダー多元論が対峙している。」（p. 42）と述べ、さらに「企業は公器である。したがって企業は社会とともに発達していくものでなければならない。」（p. 168）と論じている。企業をめぐる株主一元論とステークホルダー多元論の対立について、本稿では、後者を支持する。なぜならば、企業は、取引業者や消費者など多くのステークホルダーによって支えられ、企業活動は、広く社会に影響を及ぼすからである。企業は、人の集合体で構成されていることからそこで働く人々に対して働きがいや生きがいを提供するものでなければならないと考える。

前述の第二については、企業をめぐる社会情勢は、グローバル化、複雑化、多様化している。企業が危機的事案を起こせば多くの関係者に深刻な事態を及ぼす他、生活環境や自然環境にも大きな影響を及ぼすことがある。今や1つの企業で起こった事故や不祥事は、その企業内部の問題だけでは済まされない。危機的事案は、顧客を含むステークホルダーに直ちに影響を及ぼし、社会的不安を引き起こす。
　前述の第三については、企業が危機対応について問題があった場合、マスコミによる厳しい批判を受けるとともに裁判においても、企業の危機対応について適切であったか否か厳しく判断され巨額の賠償責任を課せられることがある。このように危機管理責任は社会性があり重大であるといえる。

　第3節では、本研究に関係する問題提起として、企業の事故や不祥事はなぜ繰り返されるかという点と、危機管理責任はなぜ生ずるかということについて考えた。前者は、第一に誤った経営判断として行われる。第二にコーポレートガバナンス（企業統治）の問題がある。第三に誤った信頼解釈の問題があると説明される。
　後者は、第一に、社会的な存在として公器の役割を期待されていること。第二に、ステークホルダーに影響を及ぼし、社会不安を引き起こすこと。第三に、社会性があり重大である。したがって、危機管理責任が生ずることを述べた。

4　危機管理責任の定義と、危機管理責任の根拠

　第4節は、危機管理責任の定義を確認し、本研究を進める上で必要な危機管理責任の根拠について4つに区分した内容を説明していきたい。前者は、はっきりした定義はないこと。本稿では、危機管理責任とは「危機的な事案が発生し、または差し迫った際に、なすべき者が、合理的になすべき対処義務」と定義することを述べ、その要件として①危機的な

事案が発生し、または差し迫った際、②なすべき者、③合理的になすべき対処義務についてそれぞれ述べる。

　後者は、本稿の核心となる事項の説明である。危機管理責任の根拠は、危機管理責任がどのようにして生じたか、危機対応の理由は何かなどという観点から、第一に「組織的なもの」、第二に「事物的なもの」、第三に「社会的信頼」、第四に「経営者個人」の4つに分けられることを述べる。第一の点は、コーポレートガバナンス（企業統治）と内部統制があること、第二の点は、無過失責任を内容とするもので、危険責任、報償責任、信頼責任が含まれること、第三の点は、社会的な影響に重きを置いたものであり、一般的に危機がもたらした社会的な影響が大きければ危機管理責任は大きくなり、社会的影響が小さければ危機管理責任も小さくなること、第四の点は、民法に規定する善管注意義務と、会社法に定める忠実義務があることをそれぞれ説明する。

4-1　危機管理責任の定義

　危機管理について、明泰淑（2012）は、「危機事態の発生後に、対処の方法をいかにすべきかを問題とする。」（p.45）と述べ、大泉光一（2006）は、「危機の発生（緊急事態：emergency）を予知・予防することであり、万一危機が発生した場合、人的及び物的損害を最小限に食い止めるためのダメージ防止（containment damage limitation）をすることである。」（p.25）と述べている。責任 responsibility とは、人が引き受けてなすべき義務である。[注3]しかし、危機管理責任については、はっきりした解釈はない。

　本稿では、危機管理責任の定義について「危機的な事案が発生し、または差し迫った際に、なすべき者が、合理的になすべき対処義務」と考える。第一の要件は、「危機的な事案が発生し、又は差し迫った際」ということである。差し迫ったという緊迫した部分については、発生と密接な関係があるのでその要件に含まれると解したい。第二の要件は、「なす

べき者」である。企業の危機管理の最終責任者はその企業のトップである。企業の内部規定により危機管理責任者を決めてあればその者ということになる。第三の要件は、「合理的になすべき対処義務」である。この要件の解釈が重要である。合理的とは道理や理屈にかなっていることであり、その判断は、主観的なものではなく、あくまで一般常識的な考えによる客観的なものであることが必要である。

　危機管理上、合理的という言葉を使った裁判の例として、本研究で取り上げる「ダスキン株主代表訴訟」の第二審判決（大阪高裁 H18.6.9）が挙げられる。同裁判では、取締役などが、未認可添加物混入の事実を自ら積極的に公表しないという対応を決めたことについて「本件混入や販売継続及び隠ぺいのような重大な問題を起こしてしまった食品販売会社の消費者およびマスコミへの危機対応として到底合理的なものとはいえない。」[注4]と判示している。

4-2　危機管理責任の根拠

　危機管理責任の根拠は、危機管理責任がどのようにして生じたか、危機対応の理由は何かなどという観点から、第一に「組織的なもの」、第二に「事物的なもの」、第三に「社会的信頼」、第四に「経営者個人」の4つに分けられると考える。

　第一の「組織的なもの」には、コーポレートガバナンス（企業統治）と内部統制がある。國廣　正（2005）は「コーポレートガバナンスは、企業の不正行為の防止に向けた企業経営の仕組みであり、取締役会や監査などの制度面である。コンプライアンスは活動面である。」(p.158)と述べている。企業の内部統制は、危機的事案の発生を防ぎ、発生した場合は、損害を最小限度にするため重要である。経営者には内部統制すなわち、製造リスク、流通リスクなどのリスク管理体制を構築する義務がある。

　第二の「事物的なもの」とは、無過失責任を内容とするもので、危険責任、報償責任、信頼責任が含まれる。[注5]信頼責任について、木ノ元直樹

は「従来の過失責任の原則では、企業が保護され消費者は犠牲になり、公平の観念に反することが強く意識されるようになった。信頼責任の法理とは、製品に対する消費者の信頼に反して欠陥品を製造し引き渡した者は責任を負うべきであるという考え方である。このような法理によれば加害者の過失という主観的要素の立証は、賠償責任を問うためには必ずしも要求されないことになる。」と述べている。(木ノ元, 2004) また、ボリス・スタルクが主張した民事責任論の中の保障理論について石井智弥 (2010) によれば、「保障理論は、原則として生命、身体的完全性、物的な財の安全への権利に関し、それを侵害すること自体が不法であるとした。すなわち、法によって許されない侵害を生じさせることは、それを惹起した者に対し、彼の内面、心理状況とは独立して、その損害の賠償責任を負わせるということである。」(p.4) と論じている。これらの理論は、無過失責任に関する議論であるが、無過失責任主義について石本雅男 (1950) によれば、「無過失責任主義においては、加害者の主観的様態如何によって加害者の責任の有無を決定する立場をとらないで、結果の発生に原因を与えたことを根拠に、常に加害者の責任を認めるのである。」(p.27) と論述している。

　第三の「社会的信頼」とは、社会的な影響に重きを置いたものである。ドラッカー (2008) は「自分たちが周りに影響を及ぼしたなら、それが意図したものであろうとなかろうとやはり責任を負わなければならない。組織が社会に与える影響に関して、経営者には確実に責任がある。」(p.390) と述べている。一般的に危機がもたらした社会的な影響が大きければ危機管理責任は大きくなり、社会的影響が小さければ危機管理責任も小さくなると考えられる。

　第四の「経営者個人」には、善管注意義務と忠実義務等がある。善管注意義務は、民法644条に規定する受任者の注意義務の規定であり、善良な管理者とは、会社から経営を委託された取締役をさし、取締役には会社に損害を与えないようにする高度の注意義務が求められるというもの

である。忠実義務は、会社法355条に規定がある。取締役は株式会社のため法令や会社の定款、株主総会の決議に忠実に職務を遂行しなければならないというものである。並木俊守（1983）によれば「取締役は、誠実に、会社の最善の利益になると自己が合理的に信ずる方法によって、しかも同様な地位にある慎重な人間と同様な注意をもって遂行しなければならない。」(p.6)と論じている。彼の指摘は、取締役のあり方を述べているものとして注目される。(図1.「危機管理責任の根拠に関する表」参照)

図1. 危機管理責任の根拠に関する表

出所：筆者作成

　第4節では、危機管理責任の定義と、危機管理責任の根拠を述べた。前者について本稿では、「危機的な事案が発生し、または差し迫った際に、なすべき者が、合理的になすべき対処義務」と定義付けをした。さらに、要件の①危機的な事案が発生し、または差し迫った際、②なすべき者、③合理的になすべき対処義務についてそれぞれの内容を説明した。
　後者は、本研究の第一ステップとして掲げた危機管理責任の根拠は、第一に「組織的なもの」、第二に「事物的なもの」、第三に「社会的信頼」、第四に「経営者個人」の4つに分けられることを述べ、それぞれの内容について確認した。

5　危機管理責任と無過失責任との関係・2つの裁判事例の選定

　第5節は、第一に、危機管理責任と無過失責任との関係について、第二に、前述した4つの区分に当てはめる裁判例の選定基準について述べていきたい。第一の点は、危機管理責任は、無過失でも課せられるかという議論から考えた。予見できないことが起きたのだから責任はなかったと主張することがあるからである。この問題は、ハンス・ヨナスによれば、結果的に損害が生じたのであればそれが予見できなかったものであれ、意図的なものでなかったとしても責任を負うことを主張していることから、無過失であっても、責任が生ずると解釈したことを論ずる。

　第二の点は、危機管理責任の根拠を明らかにするため事例研究を行うことを説明し、その選定基準は、①企業の危機管理に問題があったと判断されたもの、②危機対応に適切な対応ができなかったため企業に巨額の損害が発生したもの、③企業の経営者である取締役等の役員全員の責任が問われたものという三項目としたことを述べる。

5-1　危機管理責任と無過失責任との関係

　危機管理責任を論ずるうえで重要なこととして、無過失責任との関係が挙げられる。換言すれば、危機管理責任は、無過失でも課せられるかという議論である。事故や不祥事が起こった場合、企業責任者は、「想定外であった。そのようなことは起きるとは考えてもみなかった。」などと言って責任を逃れようとする場合が多い。すなわち、予見できないことが起きたのだから責任はなかったと主張することがある。

　民法で定めている不法行為による損害賠償の一般原則によれば「故意または過失によって生じた損害を賠償する責任を負う」[注6]と規定している。これは、意図的に行った行為の他、意識的ではない行為すなわち過失で行った行為についても責任を負うことを明記したものである。この原則からすれば、過失ではない行為いわゆる無過失責任は課せられないことになる。したがって、危機管理責任について、無過失であっても

責任を問うにはこれとは別の論理が必要になる。

　ハンス・ヨナス（2000）によれば「引き起こされた損害は、埋め合わされなければならない。仮に行為者に悪意がなくとも、仮に損害が予見されず、意図されていなかったとしてもそうである。」(p. 162)と述べている。彼は、結果的に損害が生じたのであればそれが予見できなかったものであれ、意図的なものでなかったとしても責任を負うことを指摘している。このことは無過失であっても、責任が生ずるという問題が存在することがわかる主張といえる。

　既述した危機管理責任の根拠の第二「事物的なもの」で説明したとおり、危機管理責任は、無過失責任主義の報償責任と信頼責任さらに、ボリス・スタルクが論じた民事責任論の中の保障理論に該当すると考える。したがって、危機を生じさせ顧客など人の生命、身体の安全などを侵害した場合は、過失という主観的要素に関係なく責任を負うといえる。

5-2　2つの株主代表訴訟の選定基準

　実際には、どの部分に該当するかという危機管理責任の根拠を明らかにするため事例研究を行うこととした。その選定基準は、
　(1) 企業の危機管理に問題があったと判断された
　(2) 危機対応に適切な対応ができなかったため企業に巨額の損害が発生した
　(3) 企業の経営者である取締役等の役員全員の責任が問われた
事案とした。この基準に該当する民事事件の判例は、いずれも最高裁が最終判断した「蛇の目ミシン株主代表訴訟」と、「ダスキン株主代表訴訟」である。その2つの判例を取り上げ比較検討してみたい。2つの株主代表訴訟の上級審において裁判所は、企業の危機対応に関して興味深い判断を示している。

　第5節では、危機管理責任と無過失責任との関係、2つの株主代表訴

訟の選定基準について述べた。前者については、危機を生じさせ顧客などの生命、身体の安全などを侵害した場合は、故意または過失という主観的要素に関係なく責任を負うことを論じた。このことはすなわち危機管理責任は、無過失責任主義が適用されるということである。その根拠は、報償責任・信頼責任そして、保障理論に該当するからである。

　後者は、本研究の第二ステップとして取り上げた裁判例の選定基準として三項目を説明した。その一は、企業の危機管理に問題があったと判断されたもの。その二は、危機対応に適切な対応ができなかったため企業に巨額の損害が発生したもの。その三は、取締役等の役員全員の責任が問われたものである。

6　「蛇の目ミシン株主代表訴訟」と「ダスキン株主代表訴訟」

　第6節は、前述の選定基準に合致した「蛇の目ミシン株主代表訴訟」と、「ダスキン株主代表訴訟」について事件の概要と裁判の流れについて紹介する。前者は、グリーンメーラーであったKは、昭和61年から蛇の目ミシン工業株式会社の株を買い占め、その持ち株を背景に同社の取締役に就任した。Kは、同社に作成させた念書を示して暴力団に売却すると脅迫し、同社は、Kに300億円の融資をしたものである。第一審は、Kに対する責任を認めたが、同社の代表取締役等についてはKの不当な要求にやむを得ず応じたとして責任を否定した。第二審も、第一審と同様に取締役などの責任を否定した。しかし、最高裁は、取締役らは、やむを得なかったとその過失を否定することはできない。本件を原審に差し戻すと判示した。差し戻し審の東京高裁は、第一審・第二審とは反対に取締役5人の責任を認めたことを説明する。

　後者は、ダスキンが運営する「ミスタードーナツ」は、平成12年4月食品衛生法上使用が認められていない添加物（TBHQ）が含まれた大肉まん約1,300万個を販売した。同事案に対して、大阪府は、大肉まんについて仕入れ及び販売を禁止することを命じ、ダスキンの株主は、同社の

経営陣が関係業者に口止め料を払うなどして隠蔽し、総額106億2,400万円の損害を与えたとして代表訴訟を提起したものである。第一審は、担当取締役に対する責任を認めたが、代表取締役等他の役員については、本件出損との間に因果関係は認められないとして責任を否定した。第二審は、取締役会に出席したその他の取締役等も責任を免れないと判示し、第一審とは反対に代表取締役等役員全員の責任を認めた。その後上告されたが、最高裁は、上告理由に該当しないと破棄した結果、前記第二審判決が確定したことを述べる。

6-1 「蛇の目ミシン株主代表訴訟」

グリーンメーラー[注7]であったKは、昭和61年から蛇の目ミシン工業株式会社（以下「蛇の目ミシン」という。）の株を買い占め、その持ち株を背景に昭和62年、同社の取締役に就任した。Kは、同社に作成させた念書を示して暴力団に売却すると脅迫した。これに対して同社は、Kに対し、300億円の融資をした。その後もKは株式買い占め資金についての債務の肩代わりを執拗に要求した。その結果、当時の経営陣は、Kに対して同社の資産を提供するなどして約1,125億円の損害を与えたとして株主が代表訴訟を提起した。Kは、その後同社の取締役に対する恐喝事件で逮捕され、平成2年9月に同社の取締役を辞任した。

第一審の東京地裁（H13.3.29）は、Kについて、蛇の目ミシンの取締役であるにもかかわらず、買い占めた多量の株式を暴力団に売却するなどとして他の取締役を脅迫し、合計939億円の損害を与えた責任を負うと判断したが、同社の代表取締役等の役員についてはKの不当な要求にやむを得ず応じたとして責任を否定した。[注8]

第二審の東京高裁（H15.3.27）は、第一審と同様に取締役などの責任を否定した。

最高裁（H18.4.10）は「その要求に応じて巨額の金員を融資金の名目で交付することを提案し、又は同意した取締役は、やむを得なかったと

その過失を否定することはできない。被上告人らに過失がないとして善管注意義務等の責任を否定した原審の判断には、判決に影響を及ぼすことが明白な法令違反がある。本件を原審に差し戻す」と判示した。[注9)]

差し戻し審の東京高裁 (H20.4.32) は、判決理由の中で「Kに対する300億円の交付は、暴力団関係者などへ株を売却するという恐喝行為に屈することが許されるかという極めて単純な判断事項である。Kに対する対応は、大局的視野に欠け、余りにも稚拙で、健全な社会常識とかけ離れたものであった。当該取締役らは忠実義務違反、善管注意義務違反により会社に対する責任を負う」と判示し、[注10)]第一審・第二審とは反対に取締役5人の責任を認めた。この内容は、裁判所が企業としての社会性について述べたものであると考えられる。

6-2 「ダスキン株主代表訴訟」

ダスキンが運営するチェーン店の「ミスタードーナツ」は、平成12年4月から同年12月頃までの間、食品衛生法上使用が認められていない添加物 (TBHQ) が含まれた大肉まん約1,300万個を販売した。同事案は平成14年5月新聞報道された。大阪府は、同社に対して、中国で製造販売した大肉まんについて仕入れ及び販売を禁止することを命じた。その後、ダスキンの売り上げが低下し、「ミスタードーナツ」加盟店に対する補償などの多額の出損が生ずることとなった。このためダスキンの株主は、同社の経営陣が関係業者に口止め料を払うなどして隠蔽し、総額106億2,400万円の損害を与えたとして代表訴訟を提起した。

第一審の大阪地裁 (H16.12.22) は、担当取締役に対しては、大肉まんに添加物が含まれていることを知った際、その事実を社長に報告しなかったとして5億2,955万円の支払いを命じて責任を認めたが、代表取締役等の他の役員については、販売の事実を積極的に公表するなどの措置をとらなかったことと、本件出損との間に因果関係は認められないとして責任を否定した。[注11)]

第二審の大阪高裁（H18. 6.9）は、「自ら積極的には公表しないとの方針については、同取締役会において明示的な決議はなされたわけではないが、当然の前提として了解されていたのであるから、取締役会に出席したその他の取締役等もこの点について責任を免れない」[注12]と判示し、第一審とは反対に代表取締役等役員11人全員の責任を認めた。
　最高裁（H20. 2. 12）は、本件は民事訴訟法上に規定する上告理由に該当しないと判断して上告を破棄した結果、前記第二審判決が確定した。
　第二審では、判決理由の中で「食品の安全確保は、食品会社に課せられた最も重要で基本的な社会的責任である。（中略）混入が判明した時点で、ダスキンは直ちにその販売を中止し、在庫を廃棄するとともに、その事実を消費者に公表するなどして販売済みの商品の回収に努めるべき社会的責任があった。」[注13]と判示した。同判断は、「蛇の目ミシン株主代表訴訟」と同様に裁判所が企業としての社会性について述べたものといえる。

　第6節では、選定基準の三項目に該当した「蛇の目ミシン株主代表訴訟」と、「ダスキン株主代表訴訟」の概要と、裁判の流れについて確認した。ここで裁判の流れを主に説明すると、前者訴訟は、第一審と第二審の裁判では、代表取締役等の役員は、Kの不当な要求にやむを得ず応じたとして責任を否定したが、上告審では、やむを得なかったとして役員らの過失を否定することはできないとして原判決を破棄して東京高裁に差し戻した。差し戻し後の控訴審では、第一審、第二審とは反対に取締役など役員5人全員の責任を認め、Kに対する対応は、大局的視野に欠け、余りにも稚拙で、健全な社会常識とかけ離れたものであったと厳しく判示されたことを説明した。
　後者訴訟では、第一審において、担当取締役以外の代表取締役等の役員については、役員らの対応と損失との因果関係は認められないとして責任を否定したが、第二審では、自ら積極的には公表しないとした代表

取締役ら役員の責任を肯定したこと。上告審では、上告理由に該当しないとして上告を破棄し、第二審判決が確定したこと。他方、両者訴訟の共通点として、取締役等役員の危機対応が十分でなかったことを上級審の裁判所が指摘したことを述べた。

7　2つの株主代表訴訟の分析

第7節では、2つの株主代表訴訟について、前述した危機管理責任の根拠となる第一、「組織的なもの」、第二、「事物的なもの」、第三、「社会的信頼」、第四、「経営者個人」のどれに該当するか分析した結果について述べる。初めに、危機管理責任の根拠を明らかにするため、危機が企業内部でどのように生じたかを確認し、次に、取り上げた2つの裁判訴訟に三項目の基準を当てはめて分析した内容を説明する。

前者について、「蛇の目ミシン株主代表訴訟」は、三段階にわたって生じ、「ダスキン株主代表訴訟」は、二段階に生じたが、両者は、社会的な信用を失うことを憂慮したという第三の「社会的信頼」であったことを述べる。

後者は、前述した危機管理責任の根拠となる4つのうちどれに該当するか確認するため、分析基準と定めた①判決の根拠は何か、②経営陣の対応理由は何か、③裁判において最終判断された背景は何かという三項目を2つの訴訟事件に当てはめた。すると、「蛇の目ミシン株主代表訴訟」について、上記①は、第四の「経営者個人」と判断され、②と③は、第三の「社会的信頼」があったと判断された。「蛇の目ミシン株主代表訴訟」は、①は、第四の「経営者個人」と判断され、②と③は、第三の「社会的信頼」があったと認められた。

したがって、危機管理責任の根拠は、部分的には第四の「経営者個人」に該当するものがあったが、第三の「社会的信頼」が優勢であることが昭らかになったことを述べる。

7-1 分析の結果明らかになったこと

　既述した2つの株主代表訴訟について、危機管理責任の根拠となる第一、「組織的なもの」、第二、「事物的なもの」、第三、「社会的信頼」、第四、「経営者個人」のどれに該当するか確認した。まずは、危機が企業内部においてどのようにして発生したかについて検証し、次いで、取り上げた2つの訴訟事件に三項目の基準を当てはめ分析した。その結果、前者について、「蛇の目ミシン株主代表訴訟」は、三段階にわたって生じたと考えられる。第一段階は、Kが経営陣に対して役員ポストを要求した時、第二段階は同社の社長に念書を要求した時、第三段階は300億円を要求した時である。この3つの段階で経営陣がとった対応は、Kの要求に応じなければ業務に支障を及ぼし社会的な信用が失墜すると考えた結果であったと考えられ、このことは第三の「社会的信頼」と判断される。他方、「ダスキン株主代表訴訟」は、二段階に生じたと考える。第一段階は、担当取締役が関係業者から大肉まんに未認可添加物混入について指摘された時、第二段階は、経営陣が公表するかどうか判断した時である。この各段階で経営陣がとった対応は、事実が明るみに出れば食品販売事業を営む企業としての社会的な信用を失うことを憂慮した結果であったと考えられ、このことは同じく第三の「社会的信頼」であったと判断される。

　後者について、①判決の根拠は何か、②経営陣の対応理由は何か、③裁判において最終判断された背景は何かという三項目の基準を定めそれを2つの訴訟事件に当てはめ分析したところ、「蛇の目ミシン株主代表訴訟」について、上記①は、差し戻し審において、「警察に届け出るなどの適切な対応をすることが期待できない状況にあったということはできない。やむを得なかったとして過失を否定することはできず忠実義務違反、善管注意義務違反の責任を負う」と判断した。[注14] これは、第四の「経営者個人」と判断される。上記②は、暴力団関係者が蛇の目ミシンの経営に干渉すれば会社の信用が毀損され、会社そのものが崩壊してしまうと考えた結果であると考える。このことは、第三の「社会的信頼」であっ

たと判断される。上記③は、差し戻し審において、判示した内容によると、企業が暴力団という反社会的勢力と関係を持つことは、どのような理由であれ社会的に許されないことを明確に示したものであり、背景には第三の「社会的信頼」があったと判断される。

「ダスキン株主代表訴訟」について、上記①は、第二審において、「経営陣は公表を含め被害回復に向けた対応等を検討することを怠った。さらに、積極的には公表しないという方針を取締役会で承認した。それは善管注意義務違反に当たる」として責任を認めた。[注15] これは第四の「経営者個人」と判断される。上記②は、経営陣は公表することによって企業としての信頼を失う恐れがあったのでそれを避けようとしたと考えられる。このことは経営陣の対応理由が、第三の「社会的信頼」であったと判断される。上記③は、第二審において判示した内容によると、食品会社に対する食品の安全性の確保は社会的な責任であることを明確に示したものと考えられ、同判決の背景には、第三の「社会的信頼」があったと認められる。

以上のことから、危機管理責任の根拠は、部分的には第四の「経営者個人」に該当するものがあったが、第三の「社会的信頼」が優勢であることが昭らかになった。

第7節では、危機管理責任の根拠を明らかにするため、2つの株主代表訴訟について、危機管理責任の根拠となる第一、「組織的なもの」、第二、「事物的なもの」、第三、「社会的信頼」、第四、「経営者個人」のいずれに該当するか検証した結果について述べた。まずは、危機が企業内部においてどのようして発生したかについて検討し、次いで、取り上げた2つの訴訟事件に分析基準、①判決の根拠は何か、②経営陣の対応理由は何か、③裁判において最終判断された背景は何かという三項目を定めて分析した。その結果、前者について、両訴訟事件は、経営陣が社会的な信用を失うことを憂慮した結果生じたものであり、このことは第三の

「社会的信頼」であったと判断された。

後者は、2つの訴訟事件ともに、①は、第四、「経営者個人」に該当したが、②と③は、第三の「社会的信頼」に該当した。よって、危機管理責任の根拠は、「社会的信頼」であることが明らかになったことを論じた。

8　結論

第8節の結論では、本研究を振り返り究明された点を整理して述べる。本研究の目的は、危機管理責任の根拠は何かを探ることである。研究の方法は2つの判例を分析することとした。

第一段階として、危機管理責任の根拠は、危機管理責任がどのようにして生じたか、危機対応の理由は何かなどと言う観点から第一に、「組織的なもの」、第二に、「事物的なもの」第三に、「社会的信頼」、第四に、「経営者個人」という4つに区分できると考えた。

第二段階として危機が企業内部でどのように起こったかを検証したところ、取り上げた2つの株主代表訴訟は、事実が公になった場合、社会的な信頼を失ってしまうということを経営陣が憂慮したためであると確認された。これは、第三の「社会的信頼」に該当した。

第三段階では、両株主代表訴訟事案に、分析基準として定めた①判決の根拠は何か、②経営者の対応理由は何か、③裁判所において判断された背景は何かをそれぞれ当てはめて分析した結果、前述の①は、第四の「経営者個人」に該当したが、②と③は、第三の「社会的信頼」に該当したことが明らかになった。以上のことから危機管理責任の根拠は、「社会的信頼」であると結論付けたことをまとめとして述べる。

8-1　本研究のまとめ

最後に本研究を整理してみたい。企業の事故や不祥事に歯止めをかけることはできないかという考えから取り組んだ本研究の目的は、危機管理責任の根拠を探ることである。

まずは、関係する2つの問題提起とその内容を確認すると、1つ目の、企業の事故や不祥事はなぜ繰り返されるかという点は、①誤った経営判断として行われる、②取締役会や監査役の人選に問題がある、③経営陣の誤った信頼解釈の問題があるからであると説明される。2つ目の、危機管理責任はなぜ生ずるかという点は、①社会的な存在として公器の役割を期待されていること、②ステークホルダーに影響を及ぼし社会的不安を引き起こすこと、③社会性があり重大であるからである。

次に、本論の核心である。危機管理責任の根拠は、第一に「組織的なもの」、第二に「事物的なもの」、第三に「社会的信頼」、第四に「経営者個人」という4つに区分できると考えたが、結論として本論では、第三の「社会的信頼」であると主張する。なぜならば、危機が企業内部においてどのように起こったかを検証したところ、2つの株主代表訴訟は、事実が公になった場合、社会的な信頼を失ってしまうということを経営陣が憂慮したためであると確認された。これは、第三の「社会的信頼」該当する。

他方、両株主代表訴訟事案に、分析基準、①判決の根拠は何か、②経営者の対応理由は何か、③裁判所において判断された背景は何かをそれぞれ当てはめて分析した結果、前述の①は、第四の「経営者個人」であったが、②と③は、第三の「社会的信頼」に該当したことが明らかになったからである。

企業経営者は、危機に直面した時、危機管理責任の根拠は、「社会的信頼」であることを認識し、危機管理責任の定義の要件である「合理的になすべき対処義務」を適切に判断する必要がある。経営者は、企業トップとしての決断を明確に示し、危機管理の最終的責任を負うという課せられた責任を毅然として果たすことにより、繰り返される企業の事故と不祥事に歯止めをかけることができると言えよう。

第2章

悪質クレーム（カスハラ）
―正当性の限界―

1　はじめに

　近年、顧客などからのクレームは、増加傾向にある。こうした中クレームには、言いがかりや不当要求と言われる悪質クレーム（カスハラ）が少なくない。いまやカスハラという言葉は、社会問題として注目されている。最近では、宅配便の受け取りをめぐって運送会社の営業所長に土下座させたとして当時46歳の男性に強要罪の有罪判決が言い渡された。（大分地裁 R6.3.13）他方、悪質クレーム（カスハラ）には、反社会的勢力が関係していることもある。[注1] そこで本論は、悪質クレーム（カスハラ）に焦点を合わせて正当性の限界を探っていこうとするものである。

　始めに、先行研究として第一に、苦情とクレームの年代的流れ、第二に、前期と後期のクレームなどについて概観した。続いてこの限界を明らかにする過程で関係する問題提起をした。その一は、悪質クレーマーはお客様か、その二は、担当者の負担をどうするかという点である。

　以下、本稿の概略を説明する。初めに、正当性の限界は、悪質クレーム（カスハラ）に対する責任追及の面から第一に「刑罰法規に抵触した場合」、第二に「他人の権利・利益を侵害した場合」、第三に「社会的相当性を逸脱した場合」、第四に「受忍限度を超えた場合」という4つに区分できると考えた。

　次に、実際にはどの部分に該当するかを探るため、民事訴訟事件で争われた2010年の「美容師クレーム事件」と、2015年の「セコムクレーム事件」の2つの興味深いクレーム訴訟事件を取り上げ、比較基準として①裁判所が注目した点は何か、②逸脱したところは何かの項目を当てはめ分析した。その結果、部分的には第一の「刑罰法規に抵触した場合」または、第二の「他人の権利・利益を侵害した場合」に該当したが、重要な点は「社会的相当性を逸脱した場合」と、「受忍義務を超えた場合」に該当したことである。

　続いて、悪質クレーム（カスハラ）に対して両者のどちらを適用すべきか考察した。その結果、「社会的相当性を逸脱した場合」が最も重要な

要素であると結論付けた。

2 先行研究

第2節は、第一に、苦情とクレームの年代的流れと、第二に、前期と後期のクレームなどについて俯瞰してみたい。前述の第一の点は、アメリカにおいて1962年、ケネディ大統領が特別教書で示した消費者の［意見が反映される権利］が契機となって企業に対して消費者からの苦情が表れてきたこと、日本においては、1965年ころから消費者による苦情が注目を集めるようになってきたこと、さらに、苦情は、行政による消費者保護と深く関係していること、1968年に「消費者保護基本法」が制定され、事業者に対して苦情の適切な処理が義務化されたことなどを述べる。他方、クレーマーという言葉が一般化したのは、1998年ころ発生したいわゆる東芝クレーマー事件が発端と考えられること、インターネットの普及が影響していること、このころから暴力団などの反社会的勢力も企業を狙って悪質クレームに関与していることなどについて論じる。

第二の点は、クレームは、前期と後期に大別できるが、前期では、お客様第一主義による一般的なクレームに対する考え方が主であり、後期になると、消費者保護の高まりや、個人の権利意識の高揚などから悪質クレームが注目されるようになってきたこと、後期のソフトな悪質クレームの考え方は、一般的なクレームと悪質クレームは分離すべきであるということ、後期のハードな悪質クレームの考え方は、悪質クレームは排除すべきであるという厳格な姿勢をとるものであることを述べる。

2-1 苦情とクレームの年代的流れ

苦情について年代的な流れをみると、平野鷹子（2002）によれば「アメリカ合衆国のケネディ大統領が1962年の特別教書の中で掲げた、消費者の4つの権利がその代表的なものである。消費者の4つの権利とは、［安全である権利］、［知らされる権利］、［選択する権利］、［意見が反映さ

れる権利]である。」(p.5)と述べている。この[意見が反映される権利]が企業に対する消費者の問合せや苦情という形で表れてきたといえる。一方、日本において消費者による苦情という言葉が注目を集めてきたのは1965年ころであると考えられる。苦情は、行政による消費者保護と深く関係している。神澤圭子(2014)によれば「消費生活センターは、1965年に兵庫県に最初に設置され苦情相談、商品テスト、消費者教育など消費者団体が行っていた事業を取り込み行政サービスとして提供するようになった。」、「消費生活センターの40年間の相談統計からは、件数は32倍に増加し、相談内容は問合せ相談から苦情相談などへとシフトしている。」(p.37)と述べている。高度経済成長下において顕在化した消費者問題に対応するため、1968年に消費者を保護するため「消費者保護基本法」が制定された。同法には、事業者の責務として第4条2項に「事業者は消費者からの苦情の適切な処理に務めなければならない」と規定し、さらに苦情処理体制の整備等として第15条1項では、「事業者は、苦情を適切かつ迅速に処理するために必要な体制の整備などに務めなければならない」と定めた。この規定は、事業者に対して消費者からの苦情を適切に処理すること及び、苦情処理制の整備を義務的に定めたものとして押さえておく必要がある。

　クレーマーという言葉が一般化したのは、1998年ころと考えられる。間川　清(2014)によれば「この言葉は、平成10年12月に発生した東芝クレーマー事件です。とある量販店で家電製品を購入した男性が製造元の東芝社に修理を依頼したところ、担当者から暴言を受けたという事件です。男性客がたらい回しにされたことや、暴言を受けたことについて会社に謝罪を求めると、担当者はその男性客のことをクレーマーだと指摘したのです。男性客がこの暴言を録音しており、ネット上に公開、その後マスコミが事件を取り上げて大論争となりました。」(p.36)と述べている。このころからインターネットが一般的に広まって企業に対する様々な書き込みがされるようになった。反社会的勢力について、大井哲

第2章　悪質クレーム（カスハラ）―正当性の限界―

也ほか (2011) は「脇の甘い企業を探るため多くの企業にクレームを入れる当たり行為が行われる中、ターゲット企業として選定されてしまうやいなや、当該企業のクレームが激増する。」(p.30) と論じている。暴力団などの反社会的勢力も企業を狙って悪質クレームに関与していることが指摘されている。最近の医療現場では、モンスターペイシェントということが使われている。深澤直之 (2012) によれば「クレーマーのうち医療機関に対する悪質クレーマーで特に自身の主張を続ける中で増長、増大化し、モンスター化して手に負えなくなったもの。」(p.49) と説明している。患者が、医師や看護師に「いい加減な治療をした。」などと言って暴言を浴びせ、治療代を払わず勝手に退院する等の事案が起きている。2015年には、ボーリング場で店員の接客態度が悪いと因縁をつけて怒鳴りつけ、土下座して謝罪することを要求した強要事件について、懲役8か月の判決が言い渡された。（大津地裁 H27.3.18）この他にも企業に対するいわゆる土下座事件は、相次いで発生し、マスコミに報道された。企業に対して土下座を強要する行為は、正に悪質クレームと言ってよい。

2-2　前期と後期のクレームなど

　クレームに関する先行研究について俯瞰してみると、前期と後期の2つの系列に大別できる。前期では、一般的なクレームに対する考え方が主であった。後期になると、消費者保護の高まりや、個人の権利意識の高揚などから企業に対するクレームが多くなるにしたがって、悪質クレームが注目されるようになってきた。そして、分類としてソフトな悪質クレームとハードな悪質クレームの考え方が見られるようになった。前期では、企業にとってクレームは有益なものとしてとらえ、顧客第一主義を重視するものである。林田　学, 川口哲史 (1999) によれば、「お客様の視点で、お客様第一主義の姿勢をとることが必要である。」(p.20) と述べ、さらに「利益追求よりも前にお客様が満足することを目的とした経営のために意識改革をして、まず、お客様からのクレームの開示が

あって社員は情報収集をする。」(p.24)と述べている。企業が重視すべきは、お客様サービスである。そのためには、お客様が満足してもらうにはどうすべきかを第一に考えるべきであるという考え方である。また、下島和彦，越野裕子 (2001) は「企業は、実際に被害があるかないかにかかわらず、消費者の苦情に耳を傾け、適正に対応していく必要がある。」(p.4) と述べ、さらに「顧客からの苦情は、製品やサービスを改善していくために有益な情報である。」(p.44) と述べている。前提として消費者からの苦情を適切に行うことは、企業者の責務であると主張し、クレームは新製品開発のためのアイデアを提供してくれるなど企業にとってプラスになるとの考えである。

　後期のソフトな悪質クレームの考え方は、一般的なクレームと悪質クレームは分離すべきであるというものである。援川　聡 (2004) によれば「安易に現金を支払う、事なかれ主義が新たに不正なクレームを生んでしまうわけです。」(p.25) と述べ、さらに「相手の要求が理不尽な場合、早めにその要求には応えられないということをはっきり伝える必要があります。」(p.132) と述べている。これは、企業側の安易なクレーム対応によって悪質クレームに変えてしまう場合があることを指摘しており、不当な要求は断るべきであることを主張している。また、関根眞一 (2006) は「こちらに落ち度がないときは毅然とした態度で臨む。」(p.31) と述べ、さらに、「どんなに絡まれてもできないことはできませんといい安易に妥協しない。」(p.110) と述べている。顧客満足について配意しつつも言動などから悪質クレーマーと判断した場合は、一般クレームと分けて対応すべきであるという考え方である。

　後期のハードな悪質クレームの考え方は、悪質クレームは排除すべきであるという厳格な姿勢をとるものである。深澤直之 (2007) によれば「クレーマーとの縁切りは、企業の社会的責任。」「顧客至上主義の呪縛から解かれなければダメとの判断が下されていますので、以降は即刻、企業が相手とすべき当事者ではないものとして退場を求めて排除し、相手

の要求主張はすべて毅然と断っていくことです。」(p.73)と述べている。彼は、悪質クレームと関係を絶つことは、企業としての社会的な責任であると主張している。また、信用を失いたくないとか、風評被害を恐れるためにお客様第一主義、顧客至上主義に縛られてきた弊害があることを指摘し、悪質クレームは企業が毅然として排除していくべきであると述べている。他方、佐藤孝幸 (2010) は「悪質クレームに対する対応は、顧客満足などということは気にすることなく要求をいかに迅速に振り払うか、いかに拒絶するかということを目的とします。」(p.10)と述べ、さらに「悪質クレーム特に、反社会的勢力に対しては、対応を担当者任せに、担当部署任せにするのではなく組織として対応することが重要である。」と述べている。深澤と佐藤の両者は、要求に正当な根拠がないなどの悪質クレームは、積極的に排除すべきである旨を主張している。

東京都は、令和6年10月いわゆる「パワハラ防止条例」(R7.4 施行)を制定した。従業員の保護などを内容とする組織的対応は、航空業界などにも広がっている。悪質クレーム申立者から金品の要求があった場合、具体的な内容から法律的に判断していくべきである。同申立者の理解や納得を得ることは必ずしも必要ではなく、むしろ企業としてやるべきことをきちんとやることが大事であることを強調したい。

第2節では、第一に、苦情とクレームの年代的流れと、第二に、前期と後期のクレームなどについて概観して紹介した。前述の第一は、アメリカにおいて1962年のケネディ大統領が特別教書で示された消費者の[意見が反映される権利]が契機となって企業に対して消費者からの苦情が表れてきたこと、日本においては、1965年ころから消費者による苦情が注目を集めるようになってきたこと、さらに、苦情は、行政による消費者保護と深く関係していること、1968年に「消費者保護基本法」が制定され、事業者に対して苦情の適切な処理が義務化されたことなどを述べた。その後、1998年ころの起こったいわゆる東芝クレーマー事件を契機

としてクレーマーという言葉が一般化してきたこと、暴力団などの反社会勢力も悪質クレームに関与してきたこと、企業に対して土下座を強要する行為が起こったことなどを紹介した。

第二の点は、前期のクレームは、企業にとって有益なものとしてとらえた一般的なクレームが主であったが、後期になると悪質クレームが注目されるようになり、悪質クレームの中でも分類としてソフトな悪質クレームと、ハードな悪質クレームの考え方が登場してきた。前者は、一般的なクレームと悪質クレームは分離すべきであるというもの、後者は、悪質クレームは排除すべきであるという厳格なものであることを説明した。

3　クレームと悪質クレーム（カスハラ）の意義

第3節は、クレームとは何かと、本論で取り上げる悪質クレーム（カスハラ）の定義などについて考えていきたい。前者について、クレームと苦情の概念は異なるが、クレームとは、苦情すなわち企業などから受けた不満の表明であり、法律的な損害賠償請求を内容としたものを含むと解することを説明する。他方、佐藤によれば、苦情・問い合わせによってもたらされた情報は、製品の改良、新製品の開発のためのアイデアを企業に提供してくれるいう主張を踏まえ、顧客などからのクレームは新商品のヒントとなるとして企業にとってプラスの面があることを述べる。

後者について、悪質クレーム（カスハラ）とは、執拗に電話を掛けるなどして困惑させ又は、物品や金品等を要求し、若しくは無理難題を突き付けるなどの不当行為と定義づけること、さらに、本論において悪質クレームを主張する者を悪質クレーマーと称することを説明する。

3-1　クレーム

クレーム claim とは、売買契約で違約があった場合、相手に損害賠償

を請求すること。また、苦情complaintとは、自分が他から害を受けている状態に対する不平・不満の気持ち、またはそれを表した言葉と説明されている。[注2]したがってクレームとは、法律的な損害賠償請求を内容としたものであり、苦情とは、企業などから受けた不満の表明であると解される。このようにクレームと苦情とは異なった概念である。本稿において、クレームとは、苦情すなわち企業などから受けた不満の表明であり、法律的な損害賠償請求を内容としたものを含むと解する。

　企業に対するクレームは、顧客の信頼を得るために必要なものであるとして、ほとんどの企業では、お客様相談室や、コールセンター等の名称で専用の窓口を設置している。佐藤知恭（2001）によれば「苦情・問い合わせによってもたらされた情報は、既に市場に出回っている製品の改良、あるいは、新製品の開発のためのアイデアを企業に提供してくれる」(p.191)と述べている。彼の主張は、真摯にクレームに対応することが顧客拡大につながり、クレームは新商品のヒントとなるとして企業にとってプラスの面があることを説明している。

3-2　悪質クレーム

　悪質viciousとは、悪い性質。人間や物事の性質が悪いこと。またはそのさまという。[注3]悪質クレームについて特段決まった定義はないが、佐藤孝幸（2010）によれば「要求に正当な（法的）根拠がない（要求が反社会性をもつ）こと、あるいは、要求自体には正当な根拠があるとしても要求内容が著しく過大あることをそのクレーマー自身が認識していながら執拗に要求行為を繰り返して会社から何らかの利益を得ようとする者です。」(p.9)と述べている。本稿では、悪質クレームとは「執拗に電話を掛けるなどして困惑させ又は、物品や金品等を要求し、若しくは無理難題を突き付けるなどの不当行為」と定義づけることとする。

　不当unjustとは、行為ないし状態が実質的に妥当性を欠くこと又は、適当でないこと。違法であることを要しないとされている。[注4]本論で

は、悪質クレームを主張する者を悪質クレーマーと称する。クレーマーclaimer とは、企業に対して常習的に苦情を訴える人と説明される。[注5]悪質クレーマーと、クレーマーは同じではない。悪質クレーマーは単なる常習的な苦情の訴え者ではなく、一般的には認められない不当なものだからである。

　第3節では、クレームと、悪質クレームの意義について確認した。クレームとは、法律的な損害賠償請求を内容としたものであり、苦情とは、企業などから受けた不満の表明である。したがって、クレームと苦情とは異なった概念であることを説明した。
　他方、悪質クレーム（カスハラ）について、本稿では、執拗に電話を掛けるなどして困惑させ又は、物品や金品等を要求し、若しくは無理難題を突き付けるなどの不当行為と定義づけることを述べた。

4　いわゆるハラスメント指針と悪質クレーム（カスハラ）の被害状況など

　第4節は、2019年6月労働施策総合推進法等が改正され、いわゆるハラスメント指針が策定されたこと等について確認する。他方、UAゼンセンが公表したアンケート調査結果から悪質クレーム（カスハラ）の被害状況について説明していきたい。前者は、2020年1月にいわゆるハラスメント指針が策定された。同指針において、顧客等からの著しい迷惑行為に関し、雇用管理上の配慮として事業主が行うことが望ましい取り組みの例として相談に応じ、①適切に対応するために必要な体制の整備、②被害者への配慮のための取り組み、③被害防止のための取り組みが規定されたこと等を述べる。しかし、本稿において、この規定は、あいまいなものであり不十分であると指摘することを述べる。
　後者の悪質クレーム（カスハラ）の被害状況について、UAゼンセンが2020年10月行った「悪質クレーム対策（迷惑行為）アンケート調査結果」によれば、過去2年以内で迷惑行為の被害にあったと回答した割合

は 56.7% であったこと、その割合も増加傾向にあることから近年、悪質クレーム（カスハラ）は、社会問題化していることを述べる。

4-1 いわゆるハラスメント指針など

　2019年6月、労働施策総合推進法等が改正された。これを踏まえて2020年1月にいわゆるハラスメント指針が策定された。[注6] 同指針において、顧客等からの著しい迷惑行為に関し、雇用管理上の配慮として事業主が行うことが望ましい取り組みの例として相談に応じ、①適切に対応するために必要な体制の整備、②被害者への配慮のための取り組み（メンタルヘルス不調への相談対応、行為者に対して1人で対応させない等）、③被害防止のための取り組み（マニュアル作成や研修の実施等、業種、業態等の状況に応じた取り組み）を規定した。しかし、本論では、この事業主に関する規定は、不十分なものと指摘する。なぜならば、規定の内容があいまいであり、事業主には、被雇用者を守る安全配慮義務[注7] を明確にすべきと考えるからである。

　他方、2022年2月厚生労働省は、カスタマーハラスメント対策企業マニュアルを作成した。[注8] 同マニュアルの中でカスタマーハラスメント（以下「カスハラ」という。）とは、「顧客等からのクレーム・言動のうち、当該クレーム・言動の要求の内容の妥当性に照らして、当該要求を実現するための手段・態様が社会通念上不相当なものであって。当該手段・態様により、労働者の就業環境が害されるもの」と説明している。

　ここで確認したいのは、悪質クレームとカスハラとの関係はどうかという点である。前述のとおり、本稿では、悪質クレームとは、「執拗に電話を掛けるなどして困惑させまたは、物品などを要求し、若しくは無理難題を付けるなどの不当行為」と定義づけている。他方、厚生労働省がいうカスハラは、既述のとおり、手段・態様が社会通念上不相当なものと、労働者の就業環境が害されるという2つの要件を含んでいる点が異なっている。すなわち、カスハラは、悪質クレームの定義より狭い概念

といえる。この点を踏まえた上で本稿では、悪質クレームとカスハラは、同じと捉えて論じていくこととする。なぜならば、カスハラが規定された背景について、厚生労働省では「企業は、不当・悪質なクレーム（いわゆるカスタマーハラスメント）に対して従業員を守る対応が求められています。」と述べているからである。[注9)]

4-2　悪質クレーム（カスハラ）の被害状況

　日本最大の民間労働組合であるUAゼンセン（全国繊維科学食品流通サービス一般労働組合同盟）は、2020年10月、サービス業に従事している同組員を調査対象とした「悪質クレーム対策（迷惑行為）アンケート調査結果」を公表した。[注10)] その調査結果によると、過去2年以内で迷惑行為の被害にあったと回答した割合は、56.7%であった。(図1.「悪質クレーム（カスハラ）の被害状況」参照)

図1.　悪質クレーム（カスハラ）の被害状況

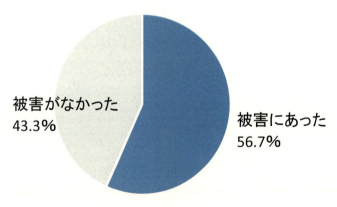

出所：UAゼンセン.「悪質クレーム対策（迷惑行為）アンケート調査結果」を
　　　基に筆者作成

他方、迷惑行為が「増えている」の割合が 46.5%、「変わらない」が 25.7%、「減っている」が 3.3% と回答している。迷惑行為の内容は、「大声を上げるときがあった」が 54.5%、「攻撃的な話し方や言葉があった」が 43.8%、「一方的に話をしていた」が 41.9%、「威圧的に話をしていた」が 37.2% であったという。悪質クレーム（カスハラ）の発生状況を見た場合、被害は全体の半数以上に及び、しかもその割合は増加傾向にあるといえる。こうしたことから近年、悪質クレーム（カスハラ）は、社会問題化していることがわかる。

2023年9月1日、厚生労働省は、「心理的負荷による精神障害の労災認定基準」を改正して、業務による心理的負荷評価表に悪質クレーム（カスハラ）を追加した。[注11)]

第4節では、いわゆるハラスメント指針の内容と、悪質クレーム（カスハラ）の被害状況について説明した。前者の中で、いわゆるハラスメント指針には、事業主が行うことが望ましい取り組みの例として、①適切に対応するために必要な体制の整備、②被害者の配慮のための取り組み、③被害防止のための規定が示されたが、同規定について本論では、内容があいまいであること、事業主には、被雇用者に対する安全配慮義務があることから、不十分であると指摘したことを述べた。

後者については、近年の悪質クレーム（カスハラ）の被害が全体の半数以上に及び深刻化し、社会問題になっていることを確認した。さらに、2023年9月厚生労働省は、いわゆる労災認定基準に悪質クレーム（カスハラ）を追加したことを述べた。

5　悪質クレーム（カスハラ）の正当性の限界

第5節は、悪質クレーム（カスハラ）の責任追及の分類と、社会的相当正論について議論していきたい。前者は、第一に、「刑罰法規に抵触した場合」、第二に、「他人の権利・利益を侵害した場合」、第三に、「社会的相

当性を逸脱した場合」、第四に、「受忍限度を超えた場合」の4つに区分できると考え、これらは、悪質クレーム（カスハラ）が正当な行為であるかどうかの判断の根拠となることを述べる。

後者は、社会的相当性とは、歴史的に形成された国民共同体の秩序の枠にあって、それにより許容される行為は、構成要件に該当しないか、または違法性がないとされることを説明し、例としてボクシングを紹介する。他方、社会的相当正論は、ヴェルツェルの理論すなわち「行為は、社会的相当性を蹂越してはじめて構成要件に該当する」という主張に対してシャッフスタインとヒルシュは、些細な行為を構成要件的可罰領域から排除するという社会的相当論の最も重要な機能を失わしめるものである等として批判していることを論ずる。

5-1　悪質クレーム（カスハラ）の責任追及の分類

本研究のキーワードである正当性の限界は、悪質クレーマー（カスハラ）に対する責任追及をどのような要素から行うかという点である。悪質クレーマー（カスハラ）に対する責任追及は、刑事責任と民事責任の2つに分類できる。前者は、暴行罪や脅迫罪などの犯罪構成要件に該当するという「刑罰法規に抵触した場合」である。後者は、民法709条に規定する不法行為責任などが挙げられる。常松　涼（2009）は「日本の法律制度で最も中心的なのが、民法709条による不法行為責任（民事責任）故意又は、過失によって他人の権利を侵害した者に課せられる損害賠償責任である」(p.2)と述べている。不法行為責任で適用されるのは同条に明記されている「他人の権利・利益を侵害した場合」である。

また、行為の内容から判断される責任追及の要素には、「社会的相当性を逸脱した場合」と、「受忍限度を超えた場合」があると考える。社会的相当性については、後述の社会的相当正論で議論していきたい。受忍限度とは、公害問題などに関する概念で、社会生活において人が騒音、煙、振動など互いに他人にかけている迷惑を社会的に容認すべき範囲をい

う。これを超えない場合には、不法行為による損害賠償請求または差し止め請求は成立しない。[注12]

したがって、悪質クレーム（カスハラ）の責任追及の分類は、第一に、「刑罰法規に抵触した場合」、第二に、「他人の権利・利益を侵害した場合」、第三に、「社会的相当性を逸脱した場合」、第四に、「受忍限度を超えた場合」の4つに区分できると考える。これらは、悪質クレーム（カスハラ）が正当な行為であるかどうかの判断の根拠となる。（図2.「悪質クレーム（カスハラ）責任追及の分類」参照）

図2．悪質クレーム（カスハラ）責任追及の分類

正当性の限界に関する根拠
① 刑罰法規に抵触した場合（暴行。脅迫等）
② 他人の権利・私益を侵害した場合（不法行為）
③ 社会的相当性を逸脱した場合
④ 受忍限度を超えた場合

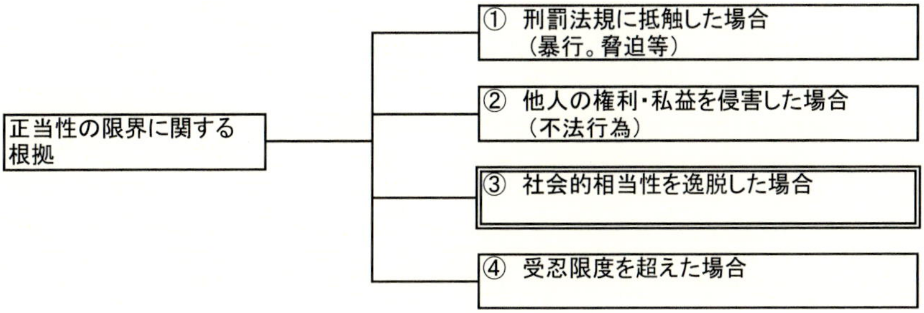

出所：筆者作成

5-2　社会的相当性論

社会的相当性とは、構成要件該当性又は、違法性の有無を判断する基準として論じられている概念である。歴史的に形成された国民共同体の秩序の枠にあって、それにより許容される行為は、構成要件に該当しないか、または違法性がないとされる。[注13] 例えば、ボクシングの試合で相手を攻撃する行為は、外見的には相手を殴るという行為であり暴行に当たると考えられるが、ボクシングは長い歴史の中で一定のルールのもとで行われ、社会的相当行為として許容されたものである。よって、暴行の違法性は阻却される。しかし、単に相手を傷つけるという目的でグローブに中に金属片を隠して殴る行為は、社会的相当性を逸脱し、違法

となる可能性がある。このほかの例としては、「ささやかなお年玉は、賄賂にあたらず」という言葉が挙げられる。

　社会的相当性の理論は、ドイツの法学者であるヴェルツェルによって1939年、刑法体系の研究において展開された。西山雅明(1968)によれば、ヴェルツェルの社会的相当性の理論について、「共同社会生活がその歴史的に制約された秩序に従ってその時その時行われるような総ての活動であるとして、行為は社会的相当性を蹂越してはじめて構成要件に該当すると主張した」(p.166)と述べている。一方、三枝　有(1984)は、「ヴェルツェルは、許された危険の法理より、理論としての社会的相当性を行為価値的に発展させた。」(p.3)と述べている。この理論は、社会生活上常軌を逸した行為であり、そのまま放任し難い法益侵害であれば社会的相当性を逸脱したものとして違法となると解される。

　他方、西山雅明によれば、ヴェルツェルの理論に対してシャッフスタインとヒルシュは、些細な行為を構成要件的可罰領域から排除するという社会的相当論の最も重要な機能を失わしめるものであると批判しているという(西山, 1969)。わが国において社会的相当性を論じているのは、藤木英雄と福田　平が挙げられる。初期的には、刑法の分野で研究された概念であるが、その後民事の分野でも社会的相当性の理論が研究されるようになった。近年は、医療行為の正当化原理としての根拠や裁判所の判断において注目されている理論である。

　第5節では、悪質クレーム（カスハラ）の責任追及の分類と、社会的相当性論について考えた。前者の責任追及の分類は、第一に、「刑罰法規に抵触した場合」、第二に、「他人の権利・利益を侵害した場合」、第三に、「社会的相当性を逸脱した場合」、第四に、「受忍限度を超えた場合」の4つに区分できることを論述した。

　後者は、社会的相当性とは、換言すれば、社会秩序の枠内にあって、それにより許容される行為は、違法性がないと解されることを説明し、例

としてボクシングの試合と、ささやかなお年玉を紹介した。さらに、社会的相当性については、ヴェルツェルの理論を批判するシャッフスタインとヒルシュの理論があることを述べた。

6 問題提起

　第6節は、本研究に関係する問題提起として、第一、悪質クレーマーはお客様かという点と、第二、悪質クレーム（カスハラ）担当者の負担をどうするかということについて考えてみたい。第一の点は、横山と、紀藤の両者によれば、悪質クレーマーに対しては、お客様とし対応すべきではないと主張していることを紹介し、本論では、お客様としてではなく、単なる悪質クレーマーと認識し、毅然として対応すべきであると主張する。なぜならば、前述の定義で述べたように悪質クレーム（カスハラ）は、不当なものだからであることを説明する。

　第二の点は、企業経営者として、悪質クレーム（カスハラ）を担当者1人に任せるのではなく、複数で対応させまたは、習熟した幹部に交代するなど組織で対応することが重要であることを述べる。他方、クレーム対応について安全配慮義務違反が認定された裁判例として「豊和事件」（大阪地裁 R2.3.4）を紹介する。同裁判では、企業の従業員に対する顧客からのクレーム対応が不適切であったとして管理責任が肯定されたものであることを述べる。

6-1　悪質クレーマーはお客様か

　この問題は、そもそも企業側は、悪質クレーマーをどのように意識するかということである。企業が悪質クレームの申立者をお客様であると意識した場合、担当者は、お客様には誠意をもって対応し、納得されるように努めなければならないと理解するであろう。しかし、横山雅文（2008）によれば「悪質クレーマーに対しては、お客様として対応するのではなく、法的な対応をとるべきなのです。」(p.5) と論じ、紀藤正樹

(2016) は「悪質クレーマーは、もはや客ではないので毅然とした対応がベスト。」(p. 19) と述べている。両者は、悪質クレーマーに対しては、お客様として対応すべきではないと主張している。企業が常に消費者や顧客を対象としていることを考えればこのことは興味深い。

　本稿では、この点について、悪質クレーマーは、お客様としてではなく、単なる悪質クレーマーと認識し、毅然として対応すべきであると主張する。なぜならば、既述のとおり、悪質クレーム（カスハラ）は、不当なものだからである。繰り返して言うならば、悪質クレーマーは、企業などから受けた不満の表明である単なるクレームとは、はっきり区別し毅然として対応すべきであると強調しておきたい。

6-2　悪質クレーム（カスハラ）担当者の負担をどうするか

　厚生労働省の「カスタマーハラスメント対策企業マニュアル」には、被害者への配慮の為の取り組みとして、被害者のメンタルヘルス不調への相談対応と、必要な場合に1人で対応させない等の取組を明記している。[注14] しかし、企業の担当者は、悪質クレーム（カスハラ）対応について事前に研修等を受けていることは少なく、電話に出たとたん、いきなり怒鳴られたり、何度も名指しで電話がかかってきたりすると、悪質クレーマーのことが頭から離れず、精神的に追い詰められてしまう。堀切忠和（2013）によれば「クレームの対応には多くの時間をとられるほか、怒りなどの他人の負の感情に長時間接するため、担当者の精神的負担は非常に大きい」(p. 75) と述べている。

　企業経営者としては、悪質クレーム（カスハラ）を担当者1人に任せるのではなく、複数で対応させまたは、習熟した幹部に交代するなど組織で対応することが特に重要である。クレーム対応が過重な心理負荷の原因となったとして安全配慮義務違反が認定された裁判例として「豊和事件」（大阪地裁 R2.3.4）が挙げられる。同裁判では「繁忙期において、職人の不足による施工業者の手配未了のため、顧客からクレームが出た

ことに対し、施工予定日の再調整や現場作業などの対応が重なったことが認められる」[注15]と判示した。同裁判は、企業の従業員に対する顧客からのクレーム対応が不適切であったとして管理責任が肯定されたものとしても注目される。企業経営者は、悪質クレーマー（カスハラ）が従業員に与える精神的な苦痛を放置しておくことはできないと認識し、組織として適切に対応する必要がある。

　第6節では、本稿に関係する問題提起として、第一、悪質クレーマーはお客様かという点と、第二、悪質クレーム（カスハラ）担当者の負担をどうするかということについて考えた。第一について、本論では、悪質クレーマーは、お客様としてではなく、単なる悪質クレーマーとして毅然として対応すべきであると主張した。その理由は、悪質クレーム（カスハラ）は、不当なものだからである。
　第二については、担当者を孤立させることなく、たとえば、複数で対応し、または習熟した幹部に交代するなど組織として対応することが重要であることを述べた。さらに、クレーム対応について管理責任が肯定された「豊和事件」（大阪地裁R2.3.4）を紹介した。

7　裁判例の選定と「美容師クレーム事件」・「セコムクレーム事件」

　第7節は、本論で取り上げる裁判例の選定と、「美容師クレーム事件」・「セコムクレーム事件」の2つの事件の概要と裁判の流れについて紹介する。前者は、本論のテーマに沿って、①民事損害賠償請求事件であること、②企業等に対する悪質クレーム（カスハラ）に関するものであること、③判決内容が正当性について判断したことの三項目を述べる。
　後者の「美容師クレーム事件」について、顧客A（女性）は、美容師Bが経営する美容院を訪れ、カタログ通りにならなかったとして苦情を述べ、本訴請求を起こした。これに対し美容師Bは、顧客Aに対する不法行為に基づく反訴を提起したものであること。第一審は、顧客Aの本訴

請求を棄却し、美容師Bの反訴を一部容認したのに対し、顧客Aが控訴した。控訴審では、控訴人の行為は、被控訴人に精神的苦痛を与えたと判示して顧客Aに対する責任を肯定したことを紹介する。

他方、「セコムクレーム事件」については、セコム株式会社等は、マンションの隣地に居住する隣人Bから不当な要求やクレームによって業務を妨害されたなどとして損害賠償請求を提起したこと。東京地裁は、被告は、本件管理業務に従事していない原告セコムホームライフなどにもクレームをつけた。そのため、平成13年9月弁護士から被告に対して以後謹んでほしい旨文書で通知したが、その後も、原告らに対するクレームを止めなかった。原告セコムは、被告の不法行為によって信用を毀損されたと判示し、隣人Bの責任を認めたことを説明する。

7-1 本論で取り上げる裁判例の選定

悪質クレーム申立者に対する責任追及を実際にはどのような要素から行っているかという事実を確認するため、事例研究を行うこととした。選定基準は、本論のテーマに沿って

(1) 民事損害賠償請求事件であること
(2) 企業等に対する悪質クレーム(カスハラ)に関するものであること
(3) 判決内容が正当性について判断したこと

とした。この3つの選定基準のより取り上げたのが、「美容師クレーム事件」(神戸地裁H22.10.7)と、「セコムクレーム事件」(東京地裁H27.12.17)である。前者は、美容院における美容契約上の債務不履行責任の有無について判示されたものであるが、内容的には顧客による強い苦情に関するものであることから本研究の対象として取り上げたということを補足しておきたい。

7-2 「美容師クレーム事件」

平成20年12月、顧客A(女性)は、美容師Bが経営する美容院を客

として訪れた。顧客Aは、カタログのデザインを見せてカットを申し込んだが、カタログ通りにならなかったとして強く苦情を述べ、美容契約上の債務不履行に基づく慰謝料等の支払いを求める訴え（本訴請求）を起こした。これに対し美容師Bは、イメージ通りの髪形にならなかったのは顧客Aが途中でデザインを変更したためであると事実関係を争うとともに、顧客Aの意を受けたC、Dから脅迫を受けたとして、顧客Aに対する不法行為に基づく慰謝料等の支払いを求める反訴を提起した。

第一審の神戸簡裁（H22.1.27）は、顧客Aの本訴請求を棄却し、美容師Bの反訴を一部容認したのに対し、顧客Aが控訴した。

控訴審の神戸地裁（H22.10.7）は、「イメージ通りの髪形にならなかったのは、自ら途中でデザインを変更したことに原因があったにも関わらず本件施術について強く苦情を述べ、Cらをして、本件美容院に赴いて、店内で大声で被控訴人に対して強く謝罪を求めさせ、その後も本件施術が不適切だったことを問題にして、被控訴人に対して本件美容院の営業時間に執拗に電話を掛けるなどして被控訴人やその妻の髪を半分丸刈りにしろ、自分が店を休んだら200万の休業補償が発生する、それを払えるのか、などと言ったこと、（中略）控訴人の上記行為は、何ら理由もないのに被控訴人を脅迫し、被控訴人に精神的苦痛を与えたものであるから不法行為が成立する」と判示して顧客Aに対して7万円の慰謝料の支払いを命じた。[注16]

7-3 「セコムクレーム事件」

平成12年6月ころから多年にわたり、セコム株式会社等（以下「セコム側A」という。）は、マンションの隣地に居住する隣人（以下「隣人B」という。）から執拗な電話などの不当な要求やクレームによって業務を妨害され、信用を毀損されたとして不法行為による損害賠償請求を提起した。

東京地裁（H27.12.17）は「被告の本件管理業務に関するクレームは、例えば、本件マンションの管理員による環境空地の清掃時に生じる音、

本件マンションの入居者が自動車を駐車する際に生じる音及び入居者の話し声などがうるさいなどとして、環境空地の清掃員や本件マンションの入居者等を怒鳴りつけたり、本件マンションの敷地内の管理人室に来て管理人に対してクレームをつけたりするものであった。その他にも、得体のしれない音がする、原告セコムが有害な電波を出しているなどと言う内容のものもあった。被告は、本件マンションの騒音は管理員が出させているなどとして、本件管理業務に従事していない原告セコムホームライフや原告セコムに対しても要求ないしクレームをつけた。

そのため原告セコムホームライフは、平成13年9月には弁護士に被告への対応を依頼し、例えば、夜中に本件マンションの管理組合理事長宅に押しかけて口論したり、本件マンション敷地内の植栽の手入れ作業に文句をつけたり、本件マンションの環境空地周辺の清掃作業や特定の居住者をビデオカメラで撮影したりする行為は迷惑なものであると指摘したうえで、被告に対して以後慎んでほしい旨文書で通知したが、被告はその受領を拒否し、その後も、原告らに対する要求ないし、クレームを止めなかった。（中略）本社内及び本社前路上などで騒ぎを惹起させ警察官の臨場にまで至らせるなど本件に顕われた一切の事情を考慮すると、原告セコムは被告の上記不法行為によってその信用を毀損されたということができ、その額は200万円を相当と認める」などと判示した。[注17)]

第7節は、本論で取り上げる裁判例の選定と、「美容師クレーム事件」・「セコムクレーム事件」の概要と裁判の流れについて紹介した。裁判例を選定した基準は、①民事賠償請求事件であること、②悪質クレーム（カスハラ）に関するものであること。③判決内容が正当性について判断したことの三項目を挙げたことを述べた。

前者事件では、顧客Aが美容院の経営者Bに対して、カットがカタログとおりにならなかったと繰り返し苦情を述べたことなどをめぐる裁判

であり、第一審・控訴審と争い、控訴審では、顧客Aに対して、執拗に苦情を述べ高額の金員の要求をほのめかしたとして慰謝料の支払いを命じたことを説明した。

　後者事件は、セコム側Aがマンションの隣地に居住する隣人Bから執拗な電話などの不当な要求やクレームによって業務を妨害されたなどとして不法行為による損害賠償請求を提起したものであり、東京地裁は、隣人Bの行為について不法行為などの責任を認めたことを紹介した。

8　2つの事件の分析と、悪質クレームの責任追及に適用すべきもの

　第8節は、第一に、2つの事件の分析として、危機管理責任に根拠は、分類した4つの区分のどれに該当するかを明らかにするため、「美容師クレーム事件」と、「セコムクレーム事件」に分析基準、①裁判所が注目したのは何か、②逸脱したところは何かという項目を当てはめて分析した結果について述べ、第二に、悪質クレームの責任追及に適用すべきものについて論述していきたい。前述の第一の点は、両事件は、部分的には脅迫という前述の第一「刑罰法規に抵触した場合」ないし、不法行為という第二「他人の権利・利益を侵害した場合」に該当したが、裁判所が重視したのは第三「社会的相当性を逸脱した場合」と、第四「受忍限度を超えた場合」に該当したことであることを説明する。

　第二の点は、悪質クレーム（カスハラ）という不当な行為に対して受忍義務をもって適用するには疑問があり、悪質クレーム（カスハラ）は、社会生活の秩序から外れた行為であって、社会的に容認されない行為とみるべきであると考える。したがって、悪質クレーム（カスハラ）には、社会的相当性論を適用した「社会的相当性を逸脱した場合」が重要であることを述べる。

8-1 2つの事件の分析

「美容師クレーム事件」と、「セコムクレーム事件」について、①裁判所が注目したのは何か、②逸脱したところは何かという2つの分析基準に基づき、前述した悪質クレーム（カスハラ）の責任追及の分類、第一「刑罰法規に抵触した場合」、第二「他人の権利・利益を侵害した場合」、第三「社会的相当性を逸脱した場合」、第四「受忍限度を超えた場合」のいずれに該当するか検証した。その結果、前者事件の、前述①について、イメージ通りの髪形にならなかったのは、自ら途中でデザインを変更したことに原因があるにもかかわらず顧客Aが、本件施術について強く苦情を述べたこと。Cらをして店内において大声で強く謝罪を求めさせたこと。その後も本件施術が不適切だったことを問題にして美容院の営業時間に執拗に電話を掛けるなどして「美容師とその妻の髪を半分丸刈りにしろ、自分が店を休んだら200万円の休業補修が発生する。それが払えるか」などと言ったことから神戸地裁は「控訴人の上記行為は、何ら理由もないのに被控訴人を脅迫し、被控訴人に精神的苦痛を与えたものであるから不法行為が成立する」と判示した。[注18] したがって、顧客Aの執拗な苦情と不当要求行為に注目したと考えられる。②について、同裁判所は、顧客Aなどの行為は脅迫に当たり「社会的相当性を逸脱しており、被控訴人（美容師B）を畏怖させるに十分なものである）と判示した。[注19]

後者事件の①は、平成13年9月、セコム側Aは、弁護士に対応を依頼し、隣人Bに対してそのような迷惑なクレームをしないように警告文を発した。東京地裁は「それ以降、断続的に続けられた被告の原告らに対する要求ないしクレームは、原告らに対する関係で一連の不法行為を構成するということができる」と判示した。[注20] 裁判所が注目したのはこのように、弁護士から警告文を発した以後においても隣人Bが多数回、長時間の執拗な電話による不当な要求やクレームを続けたことであると考えられる。②は、同裁判所は、前述した第一の行為について「被告（隣

人B)の各行為は、原告(セコム側A)に対する関係で一連の不法行為として全体として受忍限度を超え違法性を有する」[注21]と判示した。

　以上のことから、両事件は、部分的には脅迫という前述の第一「刑罰法規に抵触した場合」ないし、不法行為という第二「他人の権利・利益を侵害した場合」に該当したものの、裁判所が重視したのは、第三「社会的相当性を逸脱した場合」と、第四「受忍限度を超えた場合」に該当したことである。

8-2　悪質クレーム（カスハラ）の責任追及に適用すべきもの

　悪質クレーム（カスハラ）に対して、重視した両者のどちらを適用すべきか検討する。社会的相当性は、ヴェルツェルの理論からすれば、共同社会生活の秩序外の行為は違法と判断される。最高裁(H18.3.30)は、「侵害の形態や程度の面において社会的に容認された行為としての相当性を欠いた場合は、違法」と判断している。[注22] すなわち、社会的相当性論からいえば、悪質クレーム（カスハラ）は、社会性生活の秩序から外れた行為または、社会的に容認されない行為として違法と説明される。社会的相当性を適用した「美容師クレーム事件」をみると、裁判では、顧客に原因があるにもかかわらず、強く苦情を述べるなどし、不当な要求をしたとして顧客の一連の行為を全体として違法と判断した。

　これに対して、受忍義務は、既述のとおり、お互いに他人にかけている迷惑を社会的に認容すべき範囲であり、受忍義務を超える侵害があれば違法と判断されるものである。受忍義務を適用した「セコムクレーム事件」をみると、判決で違法と判断したのは、セコム側が弁護士を通じて警告を発した平成13年以降のものであり、それ以前の不当なクレーム行為は含んでいない。受忍義務を端的に我慢の限度と解すれば、この含まれていない部分は、我慢しなければならないということになる。したがって、悪質クレーム（カスハラ）という不当な行為に対して受忍義務をもって適用するには疑問がある。

悪質クレーム（カスハラ）は、不当なものであるという定義からすれば、不当な行為に対して我慢する義務を負うものではない。悪質クレーム（カスハラ）は、社会生活の秩序から外れた行為であって、社会的に容認されない行為とみるべきであると考える。したがって、本論では、悪質クレーム（カスハラ）には、社会的相当性論を適用した「社会的相当性を逸脱した場合」が重要であると主張する。

　第8節では、2つの事件について分析した結果と、悪質クレームの責任追及に適用すべきものについて考察した。前者は、「美容師クレーム事件」と、「セコムクレーム事件」に対して、①裁判所が注目したのは何か、②逸脱したところは何かという2つの分析基準を当てはめたところ、前者事件の①は、顧客の執拗な苦情と不当要求行為に注目し、②は、社会的相当性を逸脱したと判断された。後者事件の①は、弁護士から警告文を発した以後においても不当な要求やクレームを続けたこと、②は、受忍限度を超え違法性を有すると判断されたことを述べた。
　後者は、重視した社会的相当性と、受忍限度のどちらを適用すべきか考察したところ、「セコムクレーム事件」は、セコム側が弁護士を通じて警告を発した平成13年以前の不当なクレーム行為は含んでいないが、受忍義務を端的に我慢の限度と解すれば、この含まれていない部分は、我慢しなければならないということになる。したがって、悪質クレーム（カスハラ）という不当な行為に対して受忍義務をもって適用するには疑問がある。結果として本稿では、悪質クレーム（カスハラ）の責任追及に適用すべきは、「社会的相当性を逸脱した場合」が重要であると結論づけたことを述べた。

9　結論
　第9節は、これまで論じた本研究の結論をまとめとして論述する。本研究の目的は、悪質クレーム（カスハラ）の正当性の限界を探ることで

ある。第一段階として悪質クレーム（カスハラ）の責任追及は、第一に「刑罰法規に抵触する場合」、第二に「他人の権利・利益を侵害した場合」、第三に「社会的相当性を逸脱した場合」、第四に「受忍限度を超えた場合」という4つに区分できると考えた。

第二段階では、本稿で取り上げた「美容師クレーム事件」と、「セコムクレーム事件」に、分析基準として設定した①裁判所が注目したのは何かと、②逸脱したところは何を当てはめた結果、裁判所が重視したのは、前述の第三と、第四であった。

第三段階として重視した両者のどちらを適用すべきか考察したところ、悪質クレーム（カスハラ）は、不当なものという定義からすれば不当な行為に対して受忍義務を負うものではない。したがって、第三「社会的相当性を逸脱した場合」が特に重要であると判断したことを述べる。

9-1　本論のまとめ

最後に本論をまとめたい。悪質クレーム（カスハラ）とどのように向き合うべきかという考えから取り組んだ本研究の目的は、悪質クレーム（カスハラ）の正当性の限界を探ることである。初めに先行研究として、第一に、苦情とクレームの年代的流れ、第二に、前期と後期のクレームなどについて俯瞰した。続いて、本論で関係する問題提起を行った。第一の、悪質クレーマー（カスハラ）は、お客様かという点について、悪質クレーマーは、お客様ではなく単なる悪質クレーマーであること。第二の、担当者の負担をどうするかという点は、担当者を孤立させず組織として取り組むべきであると述べた。

次に、重要な点を説明する。悪質クレーム（カスハラ）の責任追及は、第一に「刑罰法規に抵触する場合」、第二に「他人の権利・利益を侵害した場合」、第三に「社会的相当性を逸脱した場合」、第四に「受忍限度を超えた場合」という4つに区分できると考えた。さらに、本稿で取り上げた「美容師クレーム事件」と、「セコムクレーム事件」に、分析基準と

して設定した①裁判所が注目したのは何か、②逸脱したところは何かを当てはめた結果、明らかになったことは、部分的には、脅迫という第一の「刑罰法規に抵触する場合」ないし、不法行為という第二の「他人の権利・利益を侵害した場合」に該当したものの、裁判所が重視したのは第三の「社会的相当性を逸脱した場合」と第四の「受忍義務を超えた場合」であった。

そこで、悪質クレーム（カスハラ）に対して、重視した両者のどちらを適用すべきか考察したところ、本稿では、第三「社会的相当性を逸脱した場合」が特に重要であると主張する。なぜならば、悪質クレーム（カスハラ）は、不当なものという定義からすれば不当な行為に対して受忍義務を負うものではない。悪質クレーム（カスハラ）は、社会生活の秩序から外れた行為であって社会的に容認されない行為、即ち、社会的相当性を逸脱したものとみるべきであると考えるからである。

以上の研究結果から、悪質クレーム（カスハラ）の正当の限界は、「社会的相当性を逸脱した場合」であると結論づけた。

第３章

職場のパワーハラスメント
―違法性の要素は何か―

1　はじめに

　職場のパワーハラスメント（以下「パワハラ」という。）[注1]は、どこの企業などの組織でも起こり得る。個人や家族が職場でパワハラを受けたという話を聞くことは決して珍しいことではない。むしろ、それが一般化し社会問題になっている。企業のパワハラで重要なことは、労働者の働く気力を失わせ、精神疾患を発症させ、最悪の場合は、自殺などの深刻な事態を引き起こすことである。

　最近の企業におけるパワハラに関する裁判では、加害者だけでなく企業責任やトップの経営責任を問われる事案が多くなっている。しかし、その裁判事例をみるとパワハラを違法とする判断するものが一定していない。裁判所によっては、独自の観点からパワハラを定義して法的処理をし、あるいは想定される法律に照らして個別具体的な判断を行っているのが現状である。これは、企業にパワハラ問題に関する取り組みが進まない要因ともなっていると考えられる。そこで本稿の主要目的は、パワハラを違法とする要素を探っていくこととした。

　まずは、先行研究を俯瞰して、第一に、パワハラの概念の外国と日本との対比、第二にパワハラの法適用と精神的障害について論じた。続いて、パワハラに関する問題提起として1つは、指導・教育とパワハラの境界は何か。2つは、長時間労働はパワハラかという点を掲げた。

　次に、本稿の核心に戻り、第一に、パワハラと人格権の関係について、精神科医であるイルゴイエンヌと磯村の主張を解釈し「パワハラは、精神に関する人格権を侵害する」という仮説を提起した。第二に取り組んだのは、この仮説を実証すべく興味深い2つの裁判事例を取り上げ分析することである。2つの裁判事例とは、2014年に東京地裁が判断した「サン・チャレンジほか事件」と、2013年に東京高裁が判断した「ザ・ウィンザー・ホテルズインターナショナル事件」である。分析基準は、①適用した法律は何か、②パワハラ行為が与えた影響は何か、③侵害した法益は何かという三項目である。

第3章　職場のパワーハラスメント ─違法性の要素は何か─

分析の結果、前述のパワハラを違法と判断しているものが一定していないという事実が裏付けられた。さらに、パワハラ行為は、他人の心理的負荷と肉体的・精神的苦痛を与えるものであり、そのような被害を与えるものは人格権の侵害に該当することが明らかになった。このことは「パワハラは、精神に関する人格権を侵害する」という前述の仮説と符合するものである。

したがって、パワハラを違法とする要素は、精神的な人格権であり、パワハラは人格権の侵害に当たることが結論付けられた。その根拠は、憲法第13条前段に規定する個人の尊重から導き出されると解される。

2　先行研究

第2節は、パワハラの先行研究を俯瞰して第一に、パワハラ概念の外国と日本との対比、第二にパワハラの法適用と精神障害について述べる。前述の第一の点は、フランスのイルゴイエンヌによれば、精神的な暴力をふるうのがモラルハラスメントであると述べ、米国のダベンポートは、精神面への虐待によって労働者を職場から排除することを職場いびり（モビング）と呼ぶと説明し、スウェーデンのハインツ・レイマンは、モビングを定義した際、心理的暴力だと指摘していることを述べる。

他方、日本では、パワハラを職場環境面からとらえていたことを確認する。また、2012年3月に厚生労働省がいわゆる円卓会議の提言を発表したが、この時期を境にして、前期は1990年代以降から始まり、後期は同円卓会議の提言後からになることを説明する。ここでの注目点は、円卓会議で提言されたパワハラ6類型の中に「精神的な攻撃」の項目が明記されていたことである。

第二の点は、日本においてはパワハラの法的な規定がないため、民法や特別法の規定を適用して判断しており、一定していない実態が確認できることを説明する。他方、イルゴイエンヌによれば、「加害者は、被害者のアイデンティティを攻撃し、その個性を奪おうとする。これはまさ

しく精神の破壊行為である」と指摘し、笹川は、「パワハラの被害者は、うつ病、うつ状態といった精神疾患に罹災して苦しむことが多い」と主張していることを述べる。

2-1 パワハラ概念の外国と日本との対比

　パワハラの概念については、大要として外国の場合、心理的面から、日本は職場環境面からのアプローチという系統があると考える。さらに、日本の場合は厚生労働省のいわゆるパワハラのガイドラインというべき提言を境に前期と後期に分類されるといえる。

　そもそもパワハラの概念は、それぞれの国の歴史や、文化、社会によって異なる。フランスの精神科医イルゴイエンヌ（2003）は「他人に精神的な暴力をふるうのがモラルハラスメントなのです」（p.10）と論述し、「職場の嫌がらせは、世界のどこの国でも見られる社会現象であり、その国の実情に応じてさまざまな言葉で呼ばれている。もっとも、言葉が違えばそこで指示される現象も微妙に違う」（p.115）と説明している。アメリカの文化人類学者ダベンポート（2002）は「精神面への虐待によって労働者を職場から排除することを職場いびり—モビング（Mobbing）と呼びます」（p.33）と論述しさらに、スウェーデンの心理学者ハインツ・レイマン博士について「レイマン博士は、1984年に職場いびり（モビング）を初めて定義したとき、モビングとは多くの場合、1人に対して1人から数人が体系的に行う敵意に満ちた非倫理的なコミュニケーションを初めとする心理的暴力だとしています」（p.37）と論じている。

　このように外国の場合は、主としてパワハラを心理的面からとらえている。日本の場合はどうか。日本では、2012年3月に厚生労働省がいわゆる円卓会議の提言を発表した。この時期を境にして、前期は1990年代以降から始まると考えられる。水谷（2016）によれば「1990年代以降、不況や雇用構造の変化に伴うリストラを背景としてパワハラが問題となった。」（p.21）と論述している。1990年代は、日本ではバルブが崩壊した

時期であり、会社が人員整理などの手段として行ったパワハラが社会問題化していったと考えられる。

パワハラについて、岡田康子 (2003) は、「職権などのパワーを背景にして、本来の業務の範ちゅうを超えて継続的に人格と尊厳を侵害する言動を行い、就業者の働く環境を悪化させ、あるいは雇用不安を与えること」(p.25) と述べている。他方、桶井美知子 (2010) は、厚生労働省の外郭団体である中央労働災害防止協会のパワーハラスメントの定義を引用して「職場において職権などの力関係を利用して相手の人格や尊厳を侵害する言動を繰り返し行い、精神的な苦痛を与えることにより、その人の働く環境を悪化させ、あるいは雇用不安を与えること」(p.1) と論述している。日本の前期における定義は、それぞれの考え方によって異なっていたが、「働く環境を悪化させ、あるいは雇用不安を与える」という部分では共通しており、パワハラを職場環境面からとらえていたことがうかがえる。

厚生労働省の新垣真理は、「職場のパワーハラスメント対策」の論文において、提言で示した定義のポイントを、同じ職場で働くものに限定したこと、職務上の地位や人間関係など職場の優位性を背景にするものであると明確にしたこと、業務上の適正な範囲を超えるものという判断基準を示したことの三点であると論述し、パワハラを①身体的な攻撃、②精神的な攻撃、③人間関係からの切り離し、④過大な要求、⑤過小な要求、⑥個の侵害という6類型に整理したと述べている。(新垣, 2015) ここで新垣が示したパワハラ6類型の中の②精神的な攻撃という項目が入っていたことは、おさえておく必要がある。

前述パワハラの定義のポイントである職務上の地位や人間関係など職場の優位性を背景にするものは、まさに職場環境面に関するものである。

提言が発表された2012年3月以降の後期について、中井智子 (2015) は「ハラスメントの問題は、職場環境を改善していくために積極的に取

り上げていくべき問題と捉えて取り組むことが求められる」(p.37)と論述している。また、水谷英夫 (2016) は「企業の中でも職場のいじめ等が職場環境を侵害し、経営環境にも影響を与えるようになってきた実態が明らかになってきているのです」(p.9) と論じている。中井と水谷は、パワハラと職場環境の関係について指摘しており、日本の場合、後期においても職場環境面からパワハラをとらえているといえる。

これまでパワハラという言葉を使って述べてきたが、このパワハラという用語について反対論を唱えているのは、大和田敢太教授である。同教授は『職場のいじめと法規制』の著書で「パワハラという用語は、いじめ行為の一部を表象することはありえても、一般的な定義概念とすることはできない。(中略) 法的な定義概念としては、ワークハラスメントあるいはいじめが最適であり、パワハラは不適切であると強調する必要がある」(p.30-31) と主張し、その理由について、パワハラ問題の領域を不当に狭めてしまうだけでなく職場のいじめ問題の本質の理解とその解釈の方向を誤らせるという点で重大な欠陥を有すると指摘している (大和田, 2014)。大和田教授の主張を換言すれば、パワハラの定義の要件である職場の優位性という部分は含むべきではないということになるが、本論ではあえてその部分を含むという解釈で進めていきたい。理由は、職場の優位性の部分を含まなかった場合、パワハラの対象となる範囲が拡大することによって解釈が曖昧になってしまうこと。また、裁判例においても職場の優位性を含んだパワハラの概念が多くなってきているからである。

2−2 パワハラの法適用と精神障害

パワハラ行為を受けた被害者等が、損害賠償請求訴訟を提起した場合に適用されるものについて新垣真理 (2015) によれば「事業主対労働者の関係においては、パワーハラスメントに関するこれまでの裁判例と同様、民法709条、第715条の不法行為、民法第415条、労働契約法第5条

の安全配慮義務といった規定に照らして判断されることになる」(p.302) と説明している。また、大和田敢太(2014)は「裁判例では判例動向でも引用しているが、裁判官の主観的あるいは個人的見解の反映に過ぎない判旨も見られ、ワークハラスメント事案を個人的な紛争と捉える傾向も強い」(p.54)と指摘している。大和田教授の指摘は、パワハラ裁判の問題点を指摘しており興味深い。

　パワハラの先行研究を概観すると、日本においてはパワハラの法的な規定がないため、民法や特別法の規定を適用して判断しており、一定していない実態が確認できる。このことは法適用の限界を示しているものと考える。この点は、本稿でパワハラを研究対象とする動機となった。

　イルゴイエンヌによれば、加害者は被害者のアイデンティティを攻撃し、その個性を奪おうとする。これはまさしく精神の破壊行為である。その結果、被害者は精神病や自殺に追い込まれることもあると指摘している。(イルゴイエンヌ, 1999) また、笹川尚人は、パワハラの被害者は、うつ病、うつ状態といった精神疾患に罹災して苦しむことが多い。身体的に健康な状態でいられなくなるだけでなく、就労そのものが困難となり、経済的な困窮状態にも陥ると述べている。(笹川, 2012) 両者の指摘は、パワハラが被害者に深刻な精神障害を与えるという問題を重要視しているものである。

　第2節では、パワハラの先行研究について概観し、第一に、パワハラ概念の外国と日本との対比、第二にパワハラの法適用と精神障害について述べた。前述の第一は、パワハラ問題は主として外国は精神的な面から、日本は環境面から論じられてきたことを説明した。他方、パワハラの法適用では、パワハラに適用するものが一定していないという問題点があることを論じた。また、大和田は、パワハラの用語は、いじめ行為の一部を表象することはありえても、一般的な定義概念とすることはできないと批判していることを述べた。

第二は、新垣によれば「事業主対労働者の関係においては、パワーハラスメントに関するこれまでの裁判例と同様、民法709条、第715条の不法行為などの規定に照らして判断されることになる」と述べ、大和田は、「裁判官の主観的あるいは個人的見解の反映に過ぎない判旨も見られる」などと指摘していることから、裁判においては適用する法律が一定していないという問題点があることを論じた。さらに、イルゴイエンヌと笹川の指摘からパワハラは、被害者に深刻な精神障害を与えることを確認した。

3　パワハラの増加と問題提起

　第3節では、パワハラの増加について紹介しさらに、パワハラを違法とする要素を探るうえで関係する問題提起として、第一に、指導・教育とパワハラの境界は何か、第二に、長時間労働はパワハラかという点について考えてみたい。前者について、厚生労働省の調査によると、総合相談コーナーへ寄せられたパワハラの「いじめ・嫌がらせ」の相談件数は、年々増加しており、2019年度の相談件数は、87,570件であり、割合は25.5％であること。他方、パワハラに関する精神障害の労災補償状況は、同年度は、509件と増加していることを確認する。

　後者の第一は、上司の指導・教育は、目的と手段が相当なものでなければならない。指導監督の逸脱や裁量権の乱用と認められる場合、たとえば他人に心理的負荷を過度に蓄積させると客観的に認められるような指導などは原則として違法なパワハラとなると解されることを説明する。

　後者の第二の点は、長時間労働は、ただちにパワハラになるとは言えないが、その具体的な内容や態様によってパワハラに該当することを説明する。そして、長時間労働について判断した電通事件（最高裁H12.3.24）を紹介し、健康状態が悪化していることを認識しながら業務の量などを適切に調整するなどの措置を採らなかった場合は、違法と判

断される場合があることを述べる。

3-1 パワハラの増加

都道府県の労働局等に設置した総合相談コーナーへ寄せられたパワハラの「いじめ・嫌がらせ」の相談件数は、年々増加している。

2015年度の「いじめ・嫌がらせ」の相談件数は、66,566件であり、個別労働紛争相談件数に占める「いじめ・嫌がらせ」の割合は、22.4％であった。4年後の2019年度の相談件数は、87,570件であり、割合は25.5％である。4年間で、約21,000件増加し、割合も3.1％増加したことになる。また、過去3年に受けたパワハラの内容は、6類型中「精神的な攻撃」が54.9と際立って多くなっている。（図1.「パワハラの相談件数」参照）[注2]

他方、2015年度から2019年度までの間における職場でのパワハラ等

図1．パワハラの相談件数

※ 相談件数は、「いじめ・嫌がらせ」相談件数
※ ％は、民事上の個別労働紛争相談件数に占める「いじめ・嫌がらせ」の割合
出所：厚生労働省．「あかるい職場応援団」（データーで見るパワハラ）を基に筆者作成

により、うつ病等の精神障害を発病した労災補償状況は、2015年度は、472件であったが、4年後の2019年度は、509件と増加している。また、（ひどい）嫌がらせ、いじめ又は暴行を受けた件数も2015年度60件から

2019年度79件と増加している。(図2.「パワハラに関する精神障害の労災補償状況」参照)注3)

図2. パワハラに関する精神障害の労災補償状況

	2015年度	2016年度	2017年度	2018年度	2019年度
精神障害の労災補償の支援決定件数全体	472件	498件	506件	465件	509件
(ひどい)嫌がらせ、いじめ又は暴行を受けた	60件	74件	88件	69件	79件
上司とのトラブルがあった	21件	24件	22件	18件	21件
同僚とのトラブルがあった	2件	0件	1件	2件	5件
部下とのトラブルがあった	1件	1件	0件	3件	1件

出所：厚生労働省.「あかるい職場応援団」(データーで見るパワハラ) を基に筆者作成

3-2 指導・教育とパワハラの境界は何か

　会社の上司がミスをした部下に対して注意し、正しい仕事のやり方を指導することは当然なことである。上司は部下を適切に指導しなければならない義務を負う。しかし、上司自身がその義務を果たすために行ったつもりの行為が、パワハラとして非難される場合がある。指導という名の下のパワハラも存在する。要するに、どこまでが指導・教育でどこからがパワハラかということが問題になる。

　厚生労働省の新垣真理は、業務上必要な指示や注意・指導が適切な範囲で行われている場合には、パワハラに含まれない。業務上の適切な範囲を超えるものがパワハラであると述べている(新垣, 2015)。違法な指導とパワハラの境界について、小笠原耕司ほかによれば、指導対象者が受ける個人の自由意思に対する侵害の程度(心理的負担の程度)を勘案して、上司の指導監督の逸脱や裁量権濫用に至ると評価できる場合には、パワハラに該当し、不法行為になる。具体的には、他人に心理的負荷を過度に蓄積させると客観的に認められるような文言、態様による指導は原則として違法となると論じている(小笠原, 2016)。他方、山本健司は、厳しい指導とパワハラの線引きとしては、目的と手段という観点で

考えるとわかりやすい。厳しい指導であるためには目的が悪いところを改善してやろうという業務改善にあらねばならない。そして、さらに手段も目的との関係で相当な手段である必要があると論じている（山本, 2015）。

これらの主張を整理すると、上司の指導・教育は、目的と手段が相当なものでなければならない。上司の指導監督の逸脱や裁量権の乱用と認められる場合、たとえば他人に心理的負荷を過度に蓄積させると客観的に認められるような指導などは原則として違法なパワハラとなると理解される。

3-3 長時間労働はパワハラか

結論からいえば、長時間労働は、ただちにパワハラになるとは言えないが、その具体的な内容や態様によってパワハラに該当する。新垣真理によれば、パワハラの6類型の「過大な要求」として、業務上明らかに不要な事や、遂行不可能なことの強制、他の社業員の仕事を押し付けられ、やり方がわからないまま深夜まで残業することや、徹夜で仕事をしていた事案を例示している。（新垣, 2015）長時間労働について判断した判例は、電通事件（最高裁 H12.3.24）がある。同事件は、長時間にわたる残業に従事していた労働者がうつ病にり患し、自殺したものであり、最高裁は、使用者責任を肯定した。判決では、「Aの上司は、Aが業務遂行のために徹夜まですることにあることを認識し、その健康状態が悪化していることに気付いていながらAに対して業務を所定の期限内に遂行すべきことを前提に、時間の配分につき指導を行ったのみで、その業務の量などを適切に調整するための措置を採らず、その結果、Aは心身共に疲労困ぱいした状態となり、それが誘因となってうつ病にり患し、うつ状態が深まって衝動的発作的に自殺するに至った」[注4]と判示した。

このように長時間労働が「過大な要求」と判断される場合は、パワハラになると考える。労働者が長時間労働にあり、健康状態が悪化してい

ることを認識しながら業務の量などを適切に調整するなどの措置を採らなかった場合は、違法と判断される場合がある。

　第3節では、パワハラの増加状況を確認しさらに、本論に関係する問題提起として、第一、指導・教育とパワハラの境界は何か、第二、長時間労働はパワハラかという点について考えた。前者は、パワハラの「いじめ・嫌がらせ」の相談件数は、2015年度から4年後の2019年までの間をみると約21,000件増加し、パワハラの内容は、「精神的な攻撃」が際立って多くなっていること。また、パワハラに関する精神障害の労災補償状況は、同年期間をみると472件から509件と37件増加していることがわかった。

　後者の第一は、上司の指導・教育は、目的と手段が相当なものでなければならない。上司の指導監督の逸脱や裁量権の乱用と認められる場合、たとえば他人に心理的負荷を過度に蓄積させると客観的に認められるような指導などは原則として違法なパワハラとなることを述べた。

　後者の第二については、長時間労働は、ただちにパワハラになるとは言えないが、その具体的な内容や態様によってパワハラに該当する場合がある。長時間労働が「過大な要求」と判断される場合は、パワハラと認められること等について説明した。

4　パワハラ防止の義務化とパワハラ防止法に対する議論

　第4節は、パワハラ防止の義務化と、パワハラ防止法に対する議論について述べていきたい。前者は、2020年6月施行されたいわゆるパワハラ防止法と、同法の規定を受けたパワハラ防止指針において初めてパワハラとは、「①職場において行われる、優越的な関係を背景とした言動であって、②業務上必要かつ相当な範囲を超えたものにより、③労働者の就業環境が害されたものであり、①から③の要素を全て満たすもの」と法的な定義がなされたことなどを述べる。

後者は、前述したパワハラ防止法の規定を議論している原と中窪の主張を紹介する。原によれば、「同規定は、努力義務であるから違反に対して責任を直接問われることはない」と指摘したこと。中窪は、「2012年のいわゆる円卓会議の提言で示されたパワハラの定義と比較して、今回のパワハラに関する責務規定は、率直に言って、表面的で理念の感じられない残念な規定である」と批判していること。本論では、今回の規定はパワハラを直接的に禁止したものではなく、分かりにくく曖昧な内容であること。中窪が批判しているとおり、円卓会議で提言された職場のパワハラの要素「身体的、精神的な苦痛」が削除されていることから、今回のパワハラ防止法は、単に職場環境を重視したものと指摘することを述べる。

4-1　パワハラ防止の義務化

　パワハラは、2020年6月1日施行された「労働者の総合的な推進並びに労働者の雇用の安定及び職業生活の充実等に関する法律」略称、労働施策総合推進法いわゆるパワハラ防止法[注5]と、同法の規定を受けた「事業主が職場における優越的な関係を背景とした言動に起因する問題に関して雇用管理上講ずべき措置などの指針」(以下「パワハラ防止指針」という。)[注6]において、パワハラとは、「職場において行われる、①優越的な関係を背景とした言動であって、②業務上必要かつ相当な範囲を超えたものにより、③労働者の就業環境が害されたものであり、①から③の要素を全て満たすもの」と定義づけられた。これまでは、パワハラについて明確な定義がなかったが、同法の規定によって初めて法的な定義がなされたことは重要である。

　さらに、パワハラ防止指針では、パワハラについて6類型を示し、前提として優越的な関係を背景としていることと規定している。その内容は、イ、身体的な攻撃、ロ、精神的な攻撃、ハ、人間関係からの切り離し、ニ、過大な要求、ホ、過小な要求、ヘ、個の侵害である。この6類型は、限定列挙ではないことに注意する必要がある。[注7]

他方、同指針では、事業主は、パワハラを防止するため次の措置を講じなければならないとして、(1)方針等の明確化及びその周知・啓発、(2)相談に応じ適切に対応する体制の整備、(3)パワハラの事後の迅速かつ適切な対応などを規定している。事業主と労働者に対する具体的な規定としては、他の労働者に対する言動に必要な注意を払うよう努めなければならないとしている。これらの内容から、今回の法改正等により新たにパワハラ防止の義務化が図られたといえる。

4-2　パワハラ防止法に対する議論

　パワハラ防止法の規定を議論しているのは、原　昌登と中窪裕也が挙げられる。原は、パワハラ防止法の位置づけについて、ハラスメントを直接的に禁止する形ではない。刑事罰はなく、行政による働きかけで違反の是正が図られることである。国、事業主、経営者や役員、労働者の以上4者について努力義務として、パワハラの取り組みや理解が求められる。各当事者の心構えや姿勢に力点が置かれている。努力義務であるから違反に対して責任を直接問われることはない。その意味で義務ではなく責務と表現できる。しかし、強制力のない努力義務であっても法律に定めがあることに重みがあると述べている（原，2020）。

　他方、中窪裕也によれば、パワハラ問題について1つの契機となったのが、2012年に発表された「職場のいじめ・嫌がらせ問題に関する円卓会議」で示された提言である。このとき、パワハラという疑念を正面から取り上げ、その予防と解決のための取り決めの必要性を訴えた。職場のパワハラとは、①職場内の優位性、②業務の適正な範囲を超えるもの、③精神的・身体的苦痛または、職場環境の悪化という三要素が示された。今回のパワハラに関する責務規定は、率直に言って、表面的で理念の感じられない残念な規定である。ハラスメントが許されないものであるという点は、国の責務のなかでそのような言動を行ってはならないことその他、当該言動に起因する問題（いわゆる優越的言動問題）に対する事

業主その他、国民一般の関心と理解を深めるためと言う曖昧な形で示されているにすぎない。パワハラの定義における身体的・精神的な苦痛という文言の消滅もそれと通底すると思われてならないと批判している(中窪, 2020)。

ここで、改めてパワハラ防止法について確認してみると、パワハラ防止法第30条の3には、①事業主は、自らも優越的言動問題に対する関心と理解を深め、労働者に対する言動に必要な注意を払うように努めなければならない。②労働者は、他の労働者に対する言動に必要な注意を払わなければならないと規定している、[注8]これは、パワハラを直接的に禁止したものではなく、分かりにくく曖昧な内容であること。中窪が批判しているとおり、上述の円卓会議で提言された職場のパワハラの要素「身体的、精神的な苦痛」が削除されていることから、本稿では、パワハラ防止法は、単に職場環境を重視したものと指摘しておきたい。

第4節では、パワハラ防止の義務化と、パワハラ防止法に対する議論について述べた。前者は、2020年6月施行されたいわゆるパワハラ防止法と、パワハラ防止指針において、パワハラが法的に定義付けられるとともに、事業主と労働者に対してパワハラ防止が義務化されたことを確認した。

後者は、このパワハラ規定に関して議論している原と、中窪の主張を紹介した。中窪は、「今回のパワハラに関する責務規定は、表面的で理念の感じられない残念な規定である」と批判していることを述べた。本論では、同規定は、分かりにくく曖昧な内容であること。既述の円卓会議で提言された職場のパワハラの要素「身体的、精神的な苦痛」が削除されていることから、今回のパワハラ防止法は、単に職場環境を重視したものと指摘することを述べた。

5 人格権のレビューと新たな精神的侵害

第5節は、人格権のレビュー review と、新たな精神的侵害について考えていきたい。前者は、精神科医のイルゴイエンヌと、磯村の主張を確認し、イルゴイエンヌによれば、パワハラは、精神的に傷を負わせて人格を侵害すると解されること。磯村の指摘からパワハラは、精神的に大きな苦痛を与えるものであり人格権を侵害すると解釈されることから本論では、「パワハラは、精神に関する人格権に該当する」という仮説を立てたことを述べる。

後者について、従来は、物理的侵害に対しては、法を犯す側の行為として民法709条に規定する不法行為による損害賠償などを適用してきたが、前述の電通事件において最高裁は、労働者に対して、業務の遂行に伴う疲労や心理的負荷などが過度に蓄積して心身の健康を得そこなうことがないよう注意する義務を負うとの判断を示したことから、新たに法を犯される側の精神的侵害が問題になってきたことを論じる。

5-1 パワハラと人格権のレビュー

パワハラと人格権の関係について論じているのは、フランスの精神科医であるマリー＝フランス・イルゴイエンヌ（Marie-France Hirigoyen）と、精神科医の磯村 大である。イルゴイエンヌ（1999）は「職場におけるモラルハラスメントとは、言動や態度、身ぶりや文章などによって、働く人間の人格や尊厳を傷つけたり、肉体的・精神的に傷を負わせて、その人間が職場をやめざるを得ない状況に追い込んだり、職場の雰囲気を悪化させることである。」(p. 102) と論じている。モラルハラスメント[注9]は、嫌がらせの一形態であることからパワハラの概念に含まれると考える。イルゴイエンヌの主張を解釈すると、パワハラは、精神的に傷を負わせて人格を侵害するといえる。

他方、磯村 大（2014）は、「パワハラは、労働者の尊厳や人格を傷つける行為です。行った側は、悪意や蔑視などの意図がなくても受けた人

に大きな苦痛を与えます。何よりパワハラを受けた人は職場での人間関係を絶たれ、孤立を強いられます」(p.14) と論述している。礒村の主張によれば、パワハラは職場の人間関係を絶ち、孤立を強いるなど精神的に大きな苦痛を与えるものであり人格権[注10]を侵害するといえる。

両者の主張解釈から、本論では、「パワハラは、精神に関する人格権に該当する」という仮説を立てることとした。

5-2 従来の不法行為と新たな精神的侵害

山崎文夫 (2003) によれば、「わが国は、被害者の人格権保護を目的とする不法行為訴訟を中心とする民事判例中心という独自の法理を形成してきた」(p.287) と論じている。従来は、身体部分を損傷させる侵害すなわち物理的侵害に対しては、法を犯す側の行為として民法709条に規定する不法行為による損害賠償などを適用してきた。しかし、前述の「電通事件」において (最高裁 H12.3.24) は、「使用者は、その雇用する労働者に対して業務の遂行に伴う疲労や心理的負荷などが過度に蓄積して労働者の心身の健康を得そこなうことがないよう注意する義務を負う」という判断を示した。[注11]

これを契機として、新たに法を犯される側の精神的侵害が問題になってきたと考えられる。ちなみに、新垣真理は、職場のパワハラには精神的な攻撃が多いことを指摘している。[注12]

第5節では、パワハラと人格権のレビューと、従来の不法行為と新たな精神的侵害について考えた。前者は、パワハラと人格権との関係について論じている精神科医のイルゴイエンヌと、礒村の主張を紹介し、両者の解釈から本論では、「パワハラは、精神に関する人格権に該当する」という仮説を立てたことを述べた。

後者は、従来は、物理的侵害に対しては、法を犯す側の行為として民法709条に規定する不法行為による損害賠償などを適用してきたが、(最

高裁 H12.3.24)が「電通事件」で示した使用者の労働者に対する心身の健康保持義務を契機として新たに犯される側の精神的侵害が問題になってきたことを論述した。

6　人格権論と「新しい人権」としての人格権

　第6節は、人格権論と、「新しい人権」としての人格権について議論していきたい。前者は、人格権論について論じている五十嵐、斉藤、原の三者の主張を確認した。五十嵐によれば、「一般的人格権とは、人間の尊厳及び人格の自由な発展を目的とする基本法上の権利である」と論述していること、他方、斉藤によれば、「身体的な虐待や、精神症を惹起させることなどは許されない。生命、身体、健康が一般的人格権の内容になることは何ら異論がない」と論じていることを述べ、両者の主張から、身体・精神に関するものは一般的人格権に含まれると解されること、さらに、原の主張から、人格を攻撃する言動と損害賠償責任との関係から法的に人格が重要になることを述べる。

　後者は、「大阪空港公害訴訟事件」において(大阪高裁 S50.11.27)は、身体、精神に関する利益は人格権に該当すると判断したが、これは「新しい人権」として注目されることを述べる。

　これらの議論と前述の大阪高裁の判決から精神的な権利を侵害するパワハラは、単に民法における不法行為責任や債務不履行責任に基づいて処理されるべきものではなく、精神的侵害を重視した人格権の侵害として処理されるべきであることを論じる。

6-1　人格権論

　人格権の概念について論じているのは、イマヌエル・カント(Immanuel Kant)と、マックス・シェーラー(Max Scheler)のほか、日本では、五十嵐　清と、斉藤　博が挙げられる。五十嵐　清(1989)は「一般的人格権とは、人間の尊厳及び人格の自由な発展を目的とする基本法上の権利で

あり、一種の一般条項である」(p.133)と論述し、さらに「わが国でも、ドイツおよびアメリカの理論にみられるように一般的人格権論（またはプライバシー権）という包括的な概念を憲法（13条）より導き出し、さらにかかる権利に私法上の効力を認めることも可能であろう」(p.143)と述べている。

　他方、斉藤　博 (1979) によれば、「身体的な虐待や、精神症を惹起させることなどは、もちろん許されない。このようにして生命、身体、健康が一般的人格権の内容になることは何ら異論がない」(p.225)と論じている。両者の主張から、身体・精神に関するものは一般的人格権に含まれると解される。さらに、原　昌登は、人格を攻撃するような言動であれば、許容される限度を超えたとして損害責任が肯定される傾向にある。（中略）法的には「人格」がポイントとなることをよく確認しておくべきであろうと述べている（原, 2019）。彼は、人格を攻撃する言動と損害賠償責任との関係から法的に人格が重要になることを指摘しているといえる。

6-2　「新しい人権」としての人格権

　「大阪空港公害訴訟事件」において（大阪高裁 S50.11.27）は「個人の生命、身体、精神および生活に関する利益は、各人の人格に本質的なものであって、その総体を人格権ということができる」[注13]と判示した。同裁判において、身体、精神に関する利益は人格権に該当すると判断されたが、これは「新しい人権」として注目される。

　一方、憲法13条の前段は個人の尊重、後段は幸福追求権を規定しているが、手島　孝 (2002) によれば、「通俗的見解では、前段の個人の尊重を基礎にすえ後段の幸福追求権と一体のものとしてとらえる。すなわち、個人の尊重、個人の尊厳、人格の尊重を確保するうえで不可な自由や権利としての幸福追求権を示したと考えられている」(p.60)と論じている。彼の指摘から、幸福追求権は国民の権利規定であり、人格権は個

人の尊重から導き出されるものと解する。

　整理すると、精神的な権利を侵害するパワハラは、単に民法における不法行為責任や債務不履行責任に基づいて処理されるべきものではなく、精神的侵害を重視した人格権の侵害として処理されるべきである。また、保護されるべき一般的人格権は、「新しい人権」として憲法13条前段から導かれるといえる。（図3.「パワハラを違法とする要素」参照）

図3.　パワハラを違法とする要素

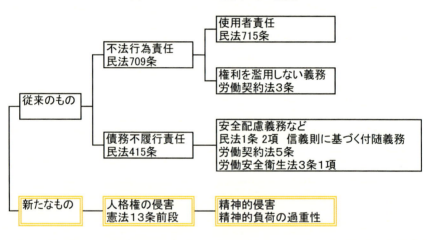

出所：筆者作成

　第6節では、人格権論と、「新しい人権」としての人格権について議論してきた。前者は、五十嵐と斎藤の主張から、身体・精神に関するものは一般的人格権に含まれると解されること。他方、原の主張から、人格を攻撃するような言動と損害賠償との関係から法的に人格権が重要になることを述べた。

　後者は、「大坂空港公害訴訟事件」において大阪高裁は、精神に関する利益は人格権に該当するという判断を示したが、同判決は「新しい人権」として注目されることを説明した。本論では、精神的な権利を侵害する

パワハラは、単に民法における不法行為責任や債務不履行責任に基づいて処理されるべきものではなく、精神的侵害を重視した人格権の侵害として処理されるべきであると主張することを述べた。

7　2つの裁判事例

第7節は、パワハラを違法とする要素を探るため取り上げた「サン・チャレンジほか事件」と、「ザ・ウィンザー・ホテルズインターナショナル事件」の概要と裁判の流れについて紹介する。前者事件について、Aは、会社Xが運営する支店の店長として勤務していたが、上司Bから日常的にいじめ・暴行などのパワハラ行為を受け、平成22年11月自殺したとして、Aの両親である原告らが会社Xと、上司B、代表取締役Cに対して損害賠償請求訴訟を提起したものである。東京地裁は、パワハラに係る不法行為を肯定した上で、上司Bと会社Xの責任とAの自殺との因果関係を認め、連帯して損害賠償の支払いを命じたことを説明する。

後者事件は、原告Aは、X社の営業係長として勤務していたが、Aは仕事の反省会を兼ねて居酒屋へ行った際、上司Bから飲酒強要などのパワハラを受けたことにより精神疾患を発症したなどとして、上司BとX社に対して損害賠償を求める訴えを提起したこと。第一審は、上司BがAの留守電に「ぶっ殺すぞ、おまえ」等と録音したパワハラ行為（8.15留守電）1件について、不法行為を認め損害賠償の支払いを命じた。第二審では、上述（8.15留守電）のパワハラ行為の他、飲酒強要のパワハラ行為など計5件のパワハラを認めて損害賠償支払いを命じたことを述べる。

7-1　「サン・チャレンジほか事件」

Aは、平成20年2月、会社Xが運営する飲食店「ステーキの食いしん坊」で支店の店長として勤務していたが、エリアマネージャーであった上司Bから仕事のミスをしたという理由で「お前は、ばかだ」「お前は、

使えない」などの侮辱的な発言を受けた他、日常的に頭、頬を叩く等のいじめ・暴行などのパワハラ行為により、急性のうつ病を発症して平成22年11月、自殺したと主張し、Aの両親である原告らが会社Xに対して債務不履行（安全配慮義務違反）及び使用者責任を、上司Bに対して不法行為責任を、代表取締役Cに対して会社法429条1項による責任を求め、合計7,300万円の損害賠償請求訴訟を提起した。

平成26年11月4日東京地裁は、恒常的に社会通念上相当と認められる限度を明らかに超える暴言、暴行、嫌がらせ、労働時間外の拘束などを認めてパワハラに係る不法行為を肯定した上、上司Bと会社Xの責任とAの自殺との因果関係を認め、代表取締役は店長会議、売上報告書等から、Aの労働時間、上司BのAに対する暴言、暴行を認識し得たにもかかわらず何ら有効な対策をとらなかったとして、故意または重大な過失を認め連帯して約5,790万円の支払いを命じた。[注14)]

7-2 「ザ・ウィンザー・ホテルズインターナショナル事件」

平成20年3月、原告Aはホテルの営業などを目的とするX社との雇用契約を締結し、営業係長として勤務していた。同年5月、Aは仕事の反省会を兼ね居酒屋へ行ったが、その席で上司のBから飲酒強要などのパワハラを受けたことにより精神疾患を発症し、多大な精神的苦痛を受けたとして、上司BとX社に対して不法行為などに基づく約477万円の損害賠償を求める訴えを提起した。

第一審の東京地裁は、平成20年8月、上司BがAの留守電に「ぶっ殺すぞ、おまえ」等と録音したパワハラ行為（8.15留守電）1件について、上司BとX社に対し不法行為を認め約70万円の損害賠償の支払いを命じた。[注15)]

第二審の東京高裁は、上述（8.15留守電）のパワハラ行為の他、飲酒強要のパワハラ行為など計5件のパワハラを認めて約150万円の損害賠償支払いを命じる判決を下した。[注16)]

第3章 職場のパワーハラスメント ―違法性の要素は何か―

　第7節では、本論で取り上げた「サン・チャレンジほか事件」と、「ザ・ウィンザー・ホテルズインターナショナル事件」の概要と裁判の流れについて紹介した。前者事件は、会社Xが運営する飲食店の支店長として勤務していたAが、上司Bから日常的に受けたいじめ、暴行などのパワハラ行為により急性のうつ病を発症して自殺したとしてAの両親らが上司Bと、会社Xに対して損害賠償を求めたものであり、東京地裁は、上司Bと会社Xなどの責任とAの自殺との因果関係などを認めたこと。

　後者事件は、原告Aは、X社の営業課長として勤務していたが、上司Bから飲酒強要などのパワハラを受けたことにより精神疾患を発症したなどとして上司BとX社に対して損害賠償を求めた。第一審は、上司BがAの留守電に録音したパワハラ行為1件の行為を認めた。第二審では、そのパワハラ行為1件の他、飲酒強要などのパワハラ行為など計5件についても上司BとX社の責任を認めたことを説明した。

8　考察

　第8節は、考察として、パワハラを違法とする要素は何かを明らかにするため、紹介した2つの事件に分析基準を当てはめ分析した結果と、パワハラの違法な精神的負荷の判断基準について述べる。前者は、「サン・チャレンジほか事件」と、「ザ・ウィンザー・ホテルズインターナショナル事件」に、分析基準として定めた、①適用した法律は何か、②パワハラ行為が与えた影響は何か、③侵害した法益は何かを当てはめた。その結果、重要な点は、②について、前者事件は、パワハラ行為には強度の精神的負荷があったこと。後者事件では、精神的苦痛は大きいと判断したことである。

　以上の分析結果からパワハラは、精神的負荷ないし精神的苦痛を与えるものであり人格権を侵害するという事実が明らかになった。これは、前述のイルゴイエンヌと磯村の主張から解釈した「パワハラは、精神に関する人格権を侵害する」という仮説と符合することを述べる。

後者は、水谷によれば、「ハラスメント行為が使用者の有する権限と関連している場合は、心理的負荷を過度に蓄積させるような行為は原則として違法とされる」と論じていること。「地公災基金愛知県支部長事件」において（名古屋高裁 H22.5.21）は、「それが部下の人格を傷つけ心理的負荷を与えることもあるパワーハラスメントに当たることは明らかである」などと判示したことから、パワハラとして違法となる基準は、心理的負荷の過重性にあると判断されることを述べる。

8-1　2つの裁判事例の分析

　「サン・チャレンジほか事件」と、「ザ・ウィンザー・ホテルズインターナショナル事件」の裁判について、パワハラを違法とする要素は何かを明らかにするための分析基準は、①適用した法律は何か、②パワハラ行為が与えた影響は何か、③侵害した法益は何かとした。その分析結果は、次のとおりである。

　前述の①について、前者事件は、個別具体的に判断した。後者事件は、第一審では、独自のパワハラの定義を示してそれに照らし合わせて判断し、第二審においては、個別具体的に判断した。②について、前者事件は、パワハラがAには強度の精神的負荷があったと判断した。後者事件は、精神的苦痛は大きいと判断した。③について、前者事件は、特に判断していない。後者事件は、第一審でパワハラは人格権を侵害したと判断した。第二審では特に判断していないことをそれぞれ確認した。

　これらの内容からパワハラの違法性の判断は、裁判所において個別具体的に判断するか、独自の定義を示しそれに照らし合わせて判断しており、これは、パワハラ行為に適用するものが一定していないことを意味する。そして、重要な点は、前述の②について述べたとおり、前者事件は、パワハラ行為には強度の精神的負荷があった。後者事件では、精神的苦痛は大きいと判断したことである。

　以上の分析結果からパワハラは、精神的負荷ないし精神的苦痛を与え

るものであり人格権を侵害するという事実が明らかになり、このことはイルゴイエンヌと磯村の主張から解釈した「パワハラは、精神に関する人格権を侵害する」という仮説と符合することがわかった。

8-2 パワハラの違法な精神的負荷の判断基準

　パワハラは、精神的侵害であると述べたが、その精神的な侵害がすべて違法となるものではない。それでは、違法となる精神的負荷の判断基準は何かということについて考えてみたい。水谷英夫によれば、ハラスメント行為が使用者の有する権限と関連している場合については、心理的負荷を過度に蓄積させるような行為は原則として違法とされると論じている（水谷, 2016）。

　一方、パワハラによる心理的負荷について判断した裁判例として地公災基金愛知支部長事件（名古屋高裁 H22.5.21）がある。同高裁は「B部長の部下に対する指導は、人前で大声を出して感情的、高圧的かつ攻撃的に部下を叱責することもあり、部下に個性や能力に対する配慮が弱く、叱責後のフォローもないというものであり、それが部下の人格を傷つけ心理的負荷を与えることもあるパワーハラスメントに当たることは明らかである」と判断した上で「平均的職員をしてもうつ病を発症させ、あるいはそれを憎悪させるに足りる心理的負荷であったと認めるのが相当である」[注17]と判示した。

　この内容から心理的負荷がパワハラとして違法となる基準は、心理的負荷の過重性にあると判断される。心理的負荷が過度に蓄積されるものや、うつ病を発症させ、それを憎悪させるに足りるものである場合は、過重性が大きいとして違法といえる。

　第8節では、「サン・チャレンジほか事件」と、「ザ・ウィンザー・ホテルズインターナショナル事件」に分析基準の、①適用した法律は何か、②パワハラ行為が与えた影響は何か、③侵害した法益は何かの三項目を

当てはめて分析した結果と、パワハラの違法な精神的負荷の判断基準について述べた。前者は、結果として、精神的負荷を与えるなどのパワハラが人格権を侵害するということが明らかとなり、このことは、「パワハラは、精神に関する人格権を侵害する」という仮説と符合することがわかった。

後者は、水谷の主張と、名古屋高裁が判断した「地公災基金愛知支部長事件」の裁判内容から心理的負荷がパワハラとして違法となる基準は、心理的負荷の過重性にあることを確認した。

9　結論

第9節は、本研究を振りかえって、明らかとなったことをまとめとして整理する。本研究の目的は、パワハラを違法とする要素は何かについて解明していこうとするものである。第一に取り組んだのは、パワハラと人格権のレビューである。その結果、精神科医であるイルゴイエンヌと、磯村の主張の解釈から「パワハラは、精神に関する人格権を侵害する」という仮説を提起した。

第二は、この仮説を実証すべく、2つの裁判事例を取り上げ分析した。その裁判例とは、平成26年の「サン・チャレンジほか事件」と、平成25年に東京高裁が判断した「ザ・ウィンザー・ホテルズインターナショナル事件」である。この2つの事件に分析基準、①適用した法律は何か、②パワハラ行為が与えた影響は何か、③侵害した法益は何かについてを当てはめ分析した。その結果、②に注目すると、パワハラ行為は、心理的負荷と、肉体的・精神的苦痛を与えるものであり、人格権の侵害に該当することが明らかになった。

第三に、この分析結果は、前述の第一で取り組んだパワハラと人格権のレビューすなわち「パワハラは精神に関する人格権を侵害する」という仮説と符合することが検証されたことを述べる。

9-1 本論のまとめ

まずは、本研究に関係する問題提起とその説明を確認しておきたい。第一の指導・教育とパワハラの境界は何かという点は、上司の指導監督の逸脱や裁量権の乱用と認められる場合、例えば、心理的負荷を過度に蓄積させると客観的に認められるような指導などは原則として違法なパワハラとなる。第二の長時間労働はパワハラかという点は、長時間労働はただちにパワハラとなるとはいえないが、その具体的な内容や態様によってはパワハラに該当する。労働者が長時間労働にあり、健康状態が悪化していることを認識しながら業務の量などを適切に調整するなどの措置をとらなかった場合は、違法とされることがあると説明される。

次に、本研究の主たる目的は、パワハラを違法とする要素は何かについて解明していこうとするものであるが、その究明のため、第一に取り組んだのは、パワハラと人格権のレビューである。その結果、精神科医であるイルゴイエンヌと磯村の主張の解釈から「パワハラは、精神に関する人格権を侵害する」という仮説を提起し、人格権論と判例から理論的裏付けを行った。

第二に取り組んだのは、この仮説を実証すべく、2つの裁判事例を取り上げ分析検討することである。平成26年に東京地裁が判断した「サン・チャレンジほか事件」と平成25年に東京高裁が判断した「ザ・ウィンザー・ホテルズインターナショナル事件」について、分析基準の、①適用した法律は何か、②パワハラ行為が与えた影響は何か、③侵害した法益は何か当てはめ分析した。

その結果、前述の①から、パワハラ行為を違法と判断するものが一定していないということが裏付けられた。②からは、パワハラ行為は、心理的負荷と、肉体的・精神的苦痛を与えるものであるあることが判明し、③から、前者事件では、直接ふれていないものの、後者事件の第一審において、人格権の侵害として違法と判断した。

以上のことからパワハラ行為は、心理的負荷と、肉体的・精神的苦痛

を与えるものであり、人格権の侵害に該当することが明らかになった。この分析結果は、前述の第一で取り組んだパワハラと人格権のレビューすなわち「パワハラは精神に関する人格権を侵害する」という仮説と符合することが検証された。

したがって、パワハラを違法とする要素は、精神に関する人格権であると結論付けられた。パワハラ行為は、人格権を侵害するものであり、その根拠は、憲法13条前段に規定する個人の尊重から導き出されると解する。パワハラを被害者の視点からみて重要な点は、精神的侵害を受けることである。そして、パワハラの違法な精神的負荷の判断は、過重性であるといえる。

カント(2002)によれば、「およそいかなる理性的存在者も目的自体として存在する」(p.101)と述べている。これを約言すれば、人間は理性的な存在であり、尊敬に値することを意味する。他方、涌井美知子(2010)は、「我々の心の中にも、パワーハラスメント行為に繋がる攻撃心や競争心などの感情が潜んでいます。追い詰められれば、だれでも過ちを置かす可能性があるということを知り、一人ひとりが真正面から自分に向き合っていく必要があるのです」(p.131)と指摘している。

人は生きるために働いているのであって、仕事をするために生きているのではない。パワハラ行為は、働く者の精神を害する人権の侵害に該当し、違法であることを理解して職場から根絶することが重要と考える。

第 **4** 章

津波災害の危機管理
―管理者に求められる責任は何か―

1　はじめに

　2011年3月11日に起きたマグニチュード9.0の東日本大震災における死者は、15,854人であったが、その約90%以上が溺死で津波による犠牲者であった。[注1)] そして近年では、南海トラフ地震の発生も危惧され、津波による多くの犠牲者が出ることが懸念されている。こうした中で、本研究は、津波災害の際、管理者に求められる責任は何かを探っていこうとするものである。

　始めに、先行研究を概観し、第一に、津波対策はハード期、ソフト期に分類、第二に、津波の特徴、第三に津波の心理作用について述べ、続いて、津波に関係する問題提起として、1つ目は管理者の事前対策について問題があったとされた例は何か。2つ目は、管理者の判断の誤りを指摘された例はあるかという点について考えた。

　本研究の目的は、津波災害に際し、管理者に求められる責任は何かを探究することである。研究の方法は、第一段階として、東日本大震災の津波で犠牲になった遺族が企業管理者の管理責任をめぐって起こした2014年の「七十七銀行女川支店事件」と、2015年の「自動車教習所事件」の2つの裁判事例を取り上げ、比較検討することとした。

　2つの裁判事例の比較検討から判明したことは、安全配慮義務を適用して管理責任を問えるのは具体的な危険可能性が認められる場合に限定されるということであった。このことは、法的限界があることを示している。そして、重要な点は、前者事件の仙台高裁が「人命の被害をより確実に防止するためには、想定外の津波に備えるべく対応が必要である」と強調したことである。この指摘から、想定外の津波に備えることが管理者に求められる責任であると考えられた。そこで想定外の津波に備えること怠った場合に問われる責任は何かを検討して、ヨナスの主張から予想外の津波は、責任を問うことが可能と判断し、さらにドラッカーの主張から「社会影響責任」を導き出した。

　次に第二段階として取り組んだのは、想定外の津波を「社会影響責任」

の概念に当てはめて対比した。その結果、第一に、人命を奪う想定外の津波は、社会に対して与える影響が大きいこと。第二に、「社会影響責任」は、法的責任を超えた広い概念であり、具体的な予見可能性を問題としないこと。第三に、津波災害は企業が意図しないで社会に与える影響であり責任を負うべきものであること。以上、3つの事由から想定外の津波に備える責任は、「社会影響責任」に該当することが明らかになった。

本研究の結論として、管理者に求められる責任は、想定外の津波に備える責任を内在する「社会影響責任」であるといえる。

2　先行研究

津波について危機管理の視点から先行研究を概観すると、第一に、津波対策はハード期、ソフト期に分類、第二に、津波の特徴、第三に、津波の心理作用が挙げられる。第一の点は、津波対策は、2011年3月の東日本大震災を境にして、その前は、防潮堤などの防災建築物の構築を中心としたハード期、東日本大震災後は、住民の避難を中心としたソフト期に分類することができることを論じ、避難棟などの設備設置は有効な面があるものの、迅速に避難する教育指導や啓蒙活動、継続的避難訓練などソフト面は、重要であると主張したことを述べる。

第二の点は、①一度来た津波は繰り返しやってくること、②継続的かつ広範囲であること、③火災など複合災害を起こすこと、④頻度が低く被害の規模が大きいこと、⑤津波の周期は未知数だが繰り返し起こることを説明する。

第三の点は、津波の危険を認識しても人の心理的作用が働く場合がある。その心理作用とは、①正常化の偏見、②楽観バイアス、③認知的不調和、④集団同調であり、それぞれの内容について確認する。津波対策においては、これら心理作用を理解して行動することが特に必要であることを述べる。

2-1　津波対策はハード期とソフト期に分類

　津波対策については、2011年3月の東日本大震災を境にしてその前は、防潮堤等の防災建築物の築造を中心としたハード期、その後は、住民避難などを中心としたソフト期に分類することができる。前者については、1960年3月に発生したチリ地震津波から東日本大震災までである。チリ地震津波は、地球の裏側チリで発生した地震津波が約23時間後に日本の太平洋沿岸に到達し、約140人の死亡者を出したいわゆる遠地津波といわれるものでこれを契機に世界の津波警戒システムが設置された。工学博士の首藤伸夫ほか(2007)は、「チリ地震津波後、対策の中心は防災建築物の築造であり、対象地点を直接防護する防護壁や防潮堤などであった」(p.287)と論じている。

　後者は、東日本大震災以降である。この東日本大震災は、防潮堤の高さを越える津波であったことや避難勧告などが発令されたにもかかわらず避難しないで多くの犠牲者が出たことが指摘されている。工学博士の河田惠昭は、著書『津波災害』において、津波情報は過保護と過依存の関係を強めると述べている(河田, 2010)。他方、柳田邦男は、『想定外の罠』において防潮堤は大津波には無力であった。津波対策を根本から見直さなければならない。津波の危険がある地域は、東北地方だけでなく全国に広がっていると論じている(柳田, 2011)。本稿では、沿岸に近く高台などへ避難するには距離がある場所には、避難棟などの施設整備が有効であるが、そのことを考えても迅速に避難する教育指導や継続的な避難訓練実施のソフト面は、重要であると主張したい。

2-2　津波の特徴

　津波は、地震地や規模などによって毎回異なって様相を見せているがいくつかの特徴がある。第一は、一度来た津波は繰り返しやってくる。第二は、継続的かつ広範囲である。第三は、火災など複合災害を起こす。第四は、頻度が低く被害の規模が大きい。第五は、津波の周期は未知数

第4章 津波災害の危機管理 —管理者に求められる責任は何か—

だが繰り返し起こることである。

前述の第一は、津波警報を聞いていち早く避難所へ避難した人が、大事なものを家から持ち出そうとして引き返して津波に巻き込まれることがある。河田恵昭（2010）は『津波災害』で「比較的大きな津波は6波続き、6時間は要注意であるだから6時間は大津波警報や津波警報は解除されないはずである」(p.18) と論じている。せっかく無事に避難したのに戻ったため津波に巻き込まれるということがないように、安全な場所へ避難したら津波の危険がなくなるまでは引き返さないことである。津波は1波、2波と続けてくる。いくら大事なものでも命より大事なものはないと自覚すべきである。

第二は、工学博士の河田恵昭は『津波災害』の著書で、1960年のチリ津波や2004年のインド洋大津波は、太平洋やインド洋沿岸域に被害をもたらしただけでなく、これとつながった世界の海の隅々まで伝播した。この状態が数日以上継続した海域があった。津波は、このように発生した瞬間から消滅するまで広大な空間に対して長時間にわたって危険をもたらすという、他の災害にない特徴をもっていると論じている（河田，2010）。1960年5月22日、日本の裏側にある南米のチリで発生したチリ地震津波は、太平洋を渡り23時間後の同月25日早朝に日本へ到達して北海道から沖縄までの太平洋岸に影響を及ぼした。このように津波は、長時間継続し、世界各地にまで広がるという特徴をもっている。

第三は、津波というと巨大な水の波を想像するが、津波は火災を呼ぶといわれるように火とも深く関係している。地震で倒壊した建物で火災が発生し、そこに津波が押し寄せる。波の上の火災は、倒壊して流れ出た油に引火してさらに広がる。津波に流された人は、水と火の両方に襲われることになる。伊藤和明によれば、『日本の津波災害』の著書で1933年の昭和三陸地震津波の時の釜石市や田老村、1993年の北海道南西沖地震津波のとき奥尻島のように津波と火災によって複合的な災害になった例があると論じている（伊藤，2011）。東日本大震災の津波でも宮城県の

気仙沼市では大規模な火災が発生したがその原因は、港湾地帯にあった石油タンクが津波で流出したためである。この他にも津波は、福島県の原子力発電所のように発電機能を停止させて大規模な停電を生じさせるなどライフラインを破壊して交通網を麻痺させ人々に深刻な被害を与える。

　第四は、災害は忘れたころにやってくるといわれるが、大きな津波は発生頻度が低い。しかし、一旦発生すると東日本大震災津波のように甚大な被害を与える。堀井秀夫，奈良由美子は『安心・安全と地域マネジメント』で頻度が低くとも規模が大きな災害が起こることが自然災害の特徴であると論述している（堀井，奈良，2014）。

　津波常襲地域と言われる三陸沿岸の地震津波でも、人の一生で考えた場合実際に体験するのは1回程度といわれるが、その大津波が起こった場合、家屋が流失し、人が流されて死者を出すなど大きな被害を出す。

　第五は、津波は、いつ発生するかわからないという不確実性がある。川島秀一によれば『津波のまちに生きて』の著書のなかで、津波そのものは直線的な時間上で起こるものでありながら、周期は未知数であるが、また再び必ず来襲するという意味では回帰的な時間をもった事象であると主張している（川島，2012）。

　津波が発生した場所を基に津波記念碑や供養碑などから過去の歴史を調べると数百年前あるいは何十年前にも同じような津波被害があったことがわかる。津波はいつまた来るかはわからないが、また襲来することは確かであるということを認識する必要がある。

2-3　津波の心理作用

　津波の危険を認識しても、人の心理的な作用によって避難行動をとらないことがある。そうした津波に関する心理作用としては、第一、正常化の偏見、第二、楽観バイアス、第三、認知的不調和、第四、集団同調が挙げられる。前述の第一は、災害心理学者の広瀬弘忠（2004）によれば、

「心は、遊びをもつことでエネルギーのロスと過度な緊張におちいる危険を防いでいる。ある範囲までの異状は、異状だと感じずに正常な範囲内のものと処理するようになっているのである。このような心のメカニズムを正常化バイアスという。この正常性バイアスが身に迫る危険を危険としてとらえることをさまたげ、それを回避するタイミングを奪ってしまうことがある」(p.12) と論じている。正常化バイアスから逃げ出す方法について福田和代は、危険を知らせる次の情報を得ることだ。不安な気持ちになっているときに、誰かが「逃げろ！」という2つ目の情報が入ってくることで今自分は危険な状態に置かれていると感じ避難行動をとると述べている（福田，2015）。

　人は、自分によくないことが起きるのではないかという不安な心理状態を常にもったまま生きていくことはできないだろう。そういった意味ではむしろ、正常化の偏見は通常の場合は、利点であるといえる。しかし、実際に津波の危険が迫っているときに、正常化の偏見が働いて、自分はまだ正常な状況にある。自分に限って津波が襲ってくることはないと現実の危険を打ち消すような心理になれば避難するという行動を阻害してしまう。そうした心の葛藤があった時、周りの誰かが「津波が来るぞ、避難しろ！」と言葉を掛ければ実際の危険が迫っていることに気付いて避難することができるということである。

　第二は、楽観バイアスについて森　津太子，星　薫によれば、『危機の心理学』の著書で「性別や年代などの属性が同じ他者よりもリスクを低く見積もる傾向のことである」と論じている（森，星，2017）。津波に関していえば、実際に津波の危険が迫っているのに大したことではないと安易に考えて見過ごすことになり、実際の場面では、避難行動を阻害する要因になる。

　第三は、片田敏孝は、津波の危険があるのに住民が避難しなかった理由として認知不調和が働いたのではないか。認知不調和とは簡単に言い換えると「わかっちゃいるけど……」ということで例えば、試験前に勉

強しなければいけないことはわかっているけど勉強しないということだと論じている(片田, 2012)。彼は、実際に津波の危険があるにもかかわらず、住民が避難行動を取らない要因として人の認知不調和が働くのではないかと指摘している。

　第四は、片田敏孝によれば、小中学校の生徒に防災教育をする際に、まず自分が真っ先に逃げるという行為が、近所のお年寄りやおじさん、おばさんその他の人たちを巻き込んで避難に向かわせ、結果として大勢の命を救うと論述している。彼は、人は誰かに声を掛けられれば、集団同調バイアスが働きその人に同調して同じ思いや行動を取ろうとする。だからそのきっかけとなる言葉をかけることが大事であると主張している(片田, 2012)。集団同調バイアスは、このようなプラス面とマイナス面をもっていること注意する必要がある。集団同調バイアスのマイナス面は、実際に津波の危険が迫っているにもかかわらず「ここは安全だ」と考え、避難しない周囲の人に同調して自分も避難行動を取らないことである。

　実際に津波の危険が迫っているにもかかわらず人が避難しないのは、このような正常化の偏見・楽観バイアス・認知不調和・マイナス面の集団同調バイアスが働くことがあることを理解するとともに、それらを打開するには、周囲の人が「津波が来る。すぐ避難しろ！」と呼びかけをすることが必要である。

　第2節では、津波に関する先行研究として、第一に、津波対策は、ハード期とソフト期分類されること、第二に、津波の特徴、第三に、津波の心理作用について考えた。前述の第一は、津波対策は、2011年に起こった東日本大震災を境にしてその前は、ハード期その後はソフト期に分類できること。ハード期とは、防潮堤などの津波対策建築物を構築することであり、ソフト期は教育指導や啓蒙活動、定期的な避難訓練の実施であること、そして、これらソフト面は、特に重要であることを述べた。

第4章　津波災害の危機管理　―管理者に求められる責任は何か―

　第二は、地震の特徴点として、①一度来た津波は繰り返しやってくること、②継続的かつ広範囲であること、③火災など複合災害を起こすこと、④頻度が低く被害の規模が大きいこと、⑤津波の周期は未知数だが繰り返し起こることについて論じた。

　第三は、地震の際に働く心理作用として、①正常化の偏見、②楽観バイアス、③認知不調和、④集団同調があり、それが人の避難行動を阻害することになることを述べた。

3　問題提起

　第3節は、本研究に関係する管理面の問題提起である。第一に、管理者の事前対策に問題があった例は何か、第二に、管理者の判断の誤りを指摘された例はあるかという点について考えてみたい。第一の点は、「大川小学校事件」では、仙台高裁（H30.4.26）は、管理者が作成した避難計画の危機管理マニュアルが形骸化していたことについて厳しく指摘したが、本稿では、管理者不在の場合の措置対応に注目すると、「七十七銀行女川支店事件」において、支店長は地震の発生から約10分後に職場に戻っているが、その不在の時間帯は避難の対応をとった様子はみられない。このことは、管理者が不在の場合の措置について組織内で共有されていなかったと思われること、責任者の支店長や校長などが不在であっても代理で陣頭指揮をとる副支店長や教頭等が迅速に適切な措置がとれるように定期的な訓練をしておくことは重要であることを述べる。

　第二の点は、管理者の判断の誤りを指摘された裁判例として、仙台地裁（H25.9.17）が判断した「幼稚園児送迎バス事件」が挙げられる。裁判では、「被告B園長が本件地震発生後に津波に関する情報収集の履行を怠った結果、本件小さいバスを眼下に海が間近に見える高台にある本件幼稚園から海側の低地帯に出発させて本件被災園児5人の津波被災を招いた」と判示した。管理者は、地震などの災害が起こった際、安易に園児などを保護者へ引渡しあるいは、帰宅させという判断をすべきではな

い。責任の重大性を自覚し、保護すべきものはしっかり守り切るという認識が重要であることを述べる。

3-1 管理者の事前対策について問題があった例は何か

東日本大震災が発生した直後の津波により、児童74人、教職員10人が死亡した「大川小学校事件」では、仙台高裁（H30.4.26）は、管理者が作成した避難計画の危機管理マニュアルが形骸化していたことについて、「大川小の危機管理マニュアルを大川小において、少なくとも津波警報の発令があった場合には第二次避難場所である校庭から速やかに移動して非難すべき第三次避難場所とその避難経路及び避難の方法を定めたものに改定すべき義務を怠った」[注2]と厳しく指摘したが、ここでは管理者不在の場合の措置について組織に浸透されていなかったことを確認してみたい。

その例は、本研究の裁判事例で取り上げる「七十七銀行女川支店事件」が挙げられる。仙台地裁（H26.2.25）は「本件地震当時、被告女川支店のG支店長は、取引先のOを訪問中であったが、自動車で同支店に戻る途中の海沿いで引き潮になっていることや、本件津波警報が発令されていることを知り、午後2時55分ころ同支店に戻った。G支店長は、被告女川支店に自動車で戻った直後、大津波警報が出ていることを告げながら、行員らに対し、片づけは最小限にして避難するようにとの指示を強い口調でした。」[注3]と判示している。東日本大震災の本件地震は、同日午後2時46分発生した。支店長は地震の発生から約10分後に職場に戻っているがその不在の時間帯は、避難の対応をとった様子はみられない。このことは、管理者が不在の場合の措置について組織内で共有されていなかったと思われる。

他方、本研究で取り上げた「自動車教習所事件」では、津波発生当日、社長は午後から外出していて不在であった。また、前述の「大川小学校事件」では、同津波があった当日、A校長は休暇を取得して不在であっ

第4章　津波災害の危機管理 ―管理者に求められる責任は何か―

たという。津波の危険があった場合、数分の時間でも避難行動するに際して貴重であることを考えれば、管理者不在の場合に誰が代わって避難指揮などを行うのかはっきり定めておくこと。さらに、責任者が不在であっても代理で陣頭指揮をとる副支店長や教頭等が迅速に適切な措置がとれるように定期的な訓練をしておくことは重要なことである。

3-2　管理者の判断の誤りを指摘された例はあるか

　津波の危険があった時に、管理者として何を一番重要と考えて行動すべきであろうか。この問題は、管理者が平素から考えておかないといざという時に適切な指揮等ができなくなるということである。東日本大震災において管理者の判断の誤りを指摘された裁判例として、仙台地裁（H25.9.17）が判断した「幼稚園児送迎バス事件」が挙げられる。この事件は、東日本大震災の際にA幼稚園の園長が園児らを送迎バスに乗車させて保護者へ送り届けようとして、高台の幼稚園を出発し、その場所より低い海側の地帯を走行中、津波に巻き込まれて園児5人が死亡した事故について、被災園児の両親らが、園長は避難に係る指示・判断を誤ったと主張して損害賠償を求めた事案である。

　同地裁は、「被告B園長が本件地震発生後に津波に関する情報収集の履行を怠った結果、本件小さいバスを眼下に海が間近に見える高台にある本件幼稚園から海側の低地帯に出発させて本件被災園児5人の津波被災を招いたといえる」と判示して被告園長などの損害賠償責任を認めた。[注4]

　裁判では、被告園長が小さいバスを海側の低地に向けて発信させるという誤った判断をしたことについて「被告B園長においては、本件地震後に園庭に避難していた園児らがみぞれの降っている中を寒そうにしていたから早く保護者の元に届けるために本件小さなバスを出発させた旨供述する。しかし、園児らをバスの中に待機させることもできるし、預かり保育の園児らと同様に園舎のなかにおいて保護することも可能で

あったから、みぞれ交じりの寒い天候であったことは、被告B園長が情報収集を懈怠して本件小さいバスを出発させるという誤った判断をしたことを正当化する理由にはならない」と判示した。[注5]

　本件の場合、被告園長が寒そうにしていた園児を早く保護者の元へ返してやりたいという気持ちが、逆に津波の危険がある時は高台にある幼稚園でその危険がなくなるまで保護するという重大な判断を誤らせたといえよう。

　管理者の意識の問題は、とかく津波の危険があったときに保護している幼児等を早く保護者の元に返したい。あるいは、従業員などを自宅へ帰宅させたいと考えがちであるが、大事なことは、保護者の元に返すことによって、あるいは帰宅させることによって津波に遭う危険性はあるか否かを慎重に検討することである。管理者は、地震などの災害が起こった際、安易に保護者へ引渡しあるいは、帰宅させるという判断をすべきではない。自己の責任を自覚し、保護すべきものはしっかり守り切るという認識が重要である。

　第3節では、本研究に関係する問題提起として、第一に、管理者の事前対策に問題があった例は何か、第二に、管理者の判断の誤りを指摘された例はあるかという2つの点について考えた。前述の第一は、「大川小学校事件」では、管理者が作成した避難計画のマニュアルが形骸化されていたと厳しく指摘された。管理者不在の場合の措置について組織に浸透されていなかった例として、本稿で取り上げた「七十七銀行女川支店事件」では、津波発生当時、支店長は外出しており不在であった。約10分後に職場に戻ったもののその間、避難措置をとった形跡は認められない。企業トップが不在の際に、代わって避難などの指揮者が迅速にとれるようにしておくことは重要であることを説明した。

　第二は、仙台地裁が判断した「幼稚園児送迎バス事件」が挙げられる。同裁判では、被告園長が情報収集を懈怠して小さいバスを海側の低地に

第4章　津波災害の危機管理 ―管理者に求められる責任は何か―

向けて発信させるという誤った判断をしたと指摘されたことを述べた。

4　津波災害と危機管理

　第4節は、津波の危機管理と、想定外という概念と津波について論じていきたい。前者は、津波の危機管理は、①事前対応・②現場対応・③事後対応の3つに分けられる。前述の①は、津波教育や講習、危機管理マニュアルの作成や訓練などであるが、形骸化したマニュアルは逆に人の命を奪うことがあること、②は、津波から人の生命、身体を守ることを最優先として指揮をとること、③は、具体的には、可能な救助措置をとることや関係機関との連携、安否確認などであること、この3つの区分のうち最も重要なものは①であることを述べる。

　後者は、柳田によれば、「想定外という線引きの行為は、安全を保障するものではない。むしろ安全を阻害するものだ」と指摘していること、他方、片田は、「あらゆる災害は、想定外である」と述べている。両者の主張から、本論では、低頻度の津波であっても人の命にかかわる甚大な被害が想定される場合は、しっかりとした対策を採ることは当然なことであると指摘することを述べる。

4-1　津波の危機管理

　津波[注6]は、企業にとって施設そのものなどを破壊し、生産活動や営業等の企業活動に大きな影響を及ぼすが、重要なことは、人の生命を奪うということである。組織の管理者として、まずは、津波の危険から管理下にある人の生命、身体を守ることに責任を持たなければならない。その為に必要なことは、危機管理能力を身に付けることである。

　津波の危機管理は、事前対応・現場対応・事後対応の3つに分けられる。事前対応は、津波教育や講習、危機管理マニュアルの作成や訓練などである。マニュアルは、実際の場面で有効に活用できるものであり、避難経路や避難方法等が具体的に記載されていなければならない。また、定

期的にその内容に沿った訓練を行って実際に起こった場合、迅速に行動できるようにしておく必要がある。前述した「大川小学校事件」で指摘された形骸化したマニュアルの例のように、安全を目的としたマニュアルは、逆に人の命を奪う場合があることを認識すべきである。

現場対応は、津波から人の生命、身体を守ることを最優先として指揮をとることである。津波に関する情報を積極的に収集して津波被災を最小限にすることが求められる。

事後対応は、津波被害が起こった場合に、人命保護の観点から必要な措置をとることである。具体的には、可能な救助措置をとることや関係機関との連携、安否確認などが挙げられる。これら3つの対応の中で最も重要なものは、事前対応である。津波が来襲する前にしっかりとした対策を採っておくことによって、尊い命が救われるからである。事前対策によって多くの命が守られた例は、いわゆる「釜石の奇跡」[注7]が挙げられる。

4－2 想定外という概念と津波

自然災害の津波というと管理者からは、想定外であったという言葉が聞かれるが、想定外と津波との関係はどのようなものか考えてみたい。

柳田邦男は、『想定外の罠』の著書の中で、「想定外」とは「それ以上のことはないことにしよう」「考えないことにしよう」と、してきた思考様式に免罪符を与えるキーワードである。「想定外」という線引きの行為は、安全を保障するものではない。むしろ安全を阻害するものだと論じ、想定外をABCという3つのケースに分類している。Aは、本当に想定できなかったケース。Bは、ある程度想定できたがデーターが不確かであったり、確率が低いとみられたりしたために除外されたケース。Cは、発生が予想されたが、その事態に対する対策に本気で取り組むと設計がおおがかりになり投資額が巨大になるのでそんなことは当面起こらないだろうと楽観論を掲げて、想定の上限を引き下げてしまったケースであ

第4章 津波災害の危機管理 ―管理者に求められる責任は何か―

ると述べている（柳田, 2011）。

東日本大震災を彼の3つの分類に当てはめてみると、本当に予想できなかったケースAではないし、確率が低いとして除外されたケースBでもない。結局は、発生が予想されたが楽観論を掲げて想定の上限をひき下げてしまったというCのケースということになる。

想定外と災害について論じているのは、災害社会工学の片田敏孝である。片田（2012）は、「防災というのはあくまでも想定することであるわけです。しかし、災害というのは、防災の基準のレベルを超えてくるから災害になる。だからあらゆる災害は、想定外であるともいえるわけです」（p.37）と論じている。そもそも自然による災害は、不確実性があるから想定外といえる。しかし、防災という観点からすれば、過去のデーターなどから発生を想定して対策をとることが肝要である。まれにしか起こらない低頻度の津波であっても人の命にかかわる甚大な被害が想定される場合は、しっかりとした対策を採ることは当然なことといえる。

第4節では、津波の危機管理と、想定外という概念と津波について論じた。前者は、組織の管理者は、津波の危険から人の生命、身体を守ることに責任を持つことが重要であること。危機管理は、事前対応・現場対応・事後対応に分けられ、その中でも津波教育や講習、危機管理マニュアルの作成や訓練などの事前対応は特に重要であることを述べた。

後者は、想定外という言葉について、柳田がいう「想定外という線引きの行為は安全を阻害する」との指摘と、片田によれば「あらゆる災害は、想定外ともいえる」いう主張から本論では、まれにしか起こらない低頻度の津波であっても、人の命にかかわる甚大な被害が想定される場合は、しっかりとした対策を採ることは当然なことであると指摘したことを論述した。

5　2つの裁判事例の比較検討

　津波災害において管理者に求められる責任は何かを探るため、東日本大震災の津波で争われた2つの民事事件を取り上げることとした。そこで第5節では、第一に、2つの事件の選定と、第二に、「七十七銀行女川支店事件」と、第三に、「自動車教習所事件」の概要と裁判の流れを確認する。第一の点について、(1)東日本大震災の津波裁判であること、(2)企業の管理責任が問われたもの、(3)裁判が確定したものの三項目を選定基準にしたことを述べる。

　第二の点は、東日本大震災の際、津波警報を受けて行員らは、G支店長の指示により同支店屋上に避難した。しかし、本件屋上の塔屋にまで達した約20メートルの大津波に流されて死亡し、または行方不明になった遺族である原告らが同銀行支店Yに対して損害賠償請求を提起した。第一審は、巨大津波が押し寄せてくることを被告が予見することは困難であったとして、被告らの責任を否定した。原告らは、同判決を不服として控訴した。第二審は、控訴を棄却したことを紹介する。

　第三の点は、東日本大震災の発生当時、被告教習所Aは、教習生23人を送迎バス4台に分乗させて帰宅させた結果、高さ約10メートルの大津波に遭い死亡したとして教習生などの遺族らが被告A等に対して損害賠償請求を求めた。仙台地裁は、消防による広報活等に従い避難すべき義務に違反したとして被告Aの責任を認めたが、取締役ら個人についての責任は否定した。本判決に対し、原告と被告A双方が控訴した。被告Aは、マニュアルの不作成と適切な避難指示をしなかったことが死亡の一因であることを認める等の内容により和解が成立したことを説明する。

5-1　2つの事件の選定

　2011年3月11日発生した東日本大震災津波で死亡した遺族が、学校や企業などに対して損害賠償を求める訴訟を起こした例は、先に述べた「大川小学校事件」や「幼稚園送迎バス事件」などがあるが、3つの選定基

準である
　(1) 東日本大震災で起こった津波の裁判であること
　(2) 企業の管理責任を問われたもの
　(3) 裁判が確定したもの
により本稿で取り上げる事件を選定することとした。
　この基準で取り上げた事件が、被告の遺族側が敗訴した「七十七銀行女川支店事件」と、被告の遺族側が勝訴した「自動車教習所事件」である。以下では、両事件の事案概要と裁判の流れについて紹介する。

5-2　「七十七銀行女川支店事件」

　平成23年3月11日午後2時46分発生した東日本大震災による津波が東北地方の沿岸部を襲った。当時海岸から約100メートルの距離にあった被告の同銀行女川支店Yには合計14人が勤務していた。津波の警報を受けて行員らは、同日午後3時5分ころG支店長の指示により予め津波対策として避難場所に指定されていた同支店の屋上（二階屋上までの高さ約10メートル、三階の塔屋までが約13.35メートル）に避難した。同日午後3時30分ころ、本件屋上の塔屋にまで達した約20メートルの大津波に流されて死亡し、または行方不明となった被災行員など合計12人のうち3人の遺族である原告らが安全配慮義務違反を主張し、同銀行女川支店Yに対して債務不履行、不法行為に基づき損害賠償を提起した。

　第一審の仙台地裁（H26.2.25）は、「その段階においては、本件屋上を超えるような約20メートル近くもの巨大津波が押し寄せてくることを被告災害本部において予見することは困難であった」として、原告らに対する安全配慮義務違反の債務不履行又は、不法行為（民法715条1項）による損害賠償責任はないと判断した。[注8] 原告らは、一審判決を不服として控訴した。第二審の仙台高裁（H27.4.22）は、原告らの本訴請求を棄却した原判決は相当であるとして控訴を棄却した。[注9]

5-3 「自動車教習所事件」

　被告株式会社A自動車学校は、宮城県東南部端で福島県と接し、太平洋の沿岸から約750メートルの特に高台でない地点に位置していた。山元町の海岸には、高潮に対する防護等目的とする高さ約6.2メートルの海岸堤防が整備されていた。東日本大震災の発生当時、山元町の震度は6強であり本件教習所では6時限の教習等が行われていた。被告Aは、停電により午後3時からの教習は行わないことを決定して、午後3時35分頃から教習生23人を送迎バス4台に分乗させて帰宅させた結果、高さ約10メートルの大津波に遭い死亡したとして教習生などの遺族らが被告A等に対して安全配慮義務違反の債務不履行又は不法行為等に基づき損害賠償請求を求めた。

　仙台地裁（H27.1.13）は、消防による広報活等に従い避難すべき義務に違反したという安全配慮義務違反があるとして被告Aに対する損害賠償責任を認めたが、同法人の取締役ら個人についての損害賠償責任は否定した。[注10]

　本判決に対し、原告と被告Aの双方が控訴したが、平成28年5月被告Aは、マニュアルの不作成と適切な避難指示をしなかったことが教習生の死亡の一因であることを認める等の内容により和解が成立した。[注11]

　第5節では、第一は、2つの事件の選定と、第二、「七十七銀行女川支店事件」と、第三、「自動車教習所事件」両事件の概要と裁判の流れについて紹介した。第一の点は、①東日本大震災で起こった津波裁判であること、②企業の管理者が管理責任を問われたものであること、③裁判が確定していることの三項目を選定基準としたことを述べた。

　第二の点は、当時、行員らは同支店の屋上に避難したが、その屋上の塔屋にまで達した約20メートルの大津波に流され死亡し又は、行方不明になった原告の遺族が被告同銀行女川支店Yに対して訴訟を提起した。第一審は、被告Yには責任はないと判断し、原告らが控訴した。第

二審は、原判決は相当であるとして控訴を棄却したことを紹介した。

第三の点は、被告自動車学校 A は、当時、教習生 23 人を送迎バス 4 台に分乗させて帰宅させた結果、高さ約 10 メートルの大津波に遭い教習生らが死亡したとして、原告の遺族が被告 A に対する訴訟を提起した。仙台地裁は、広報活動に従って避難すべき義務に違反したとして被告 A の責任を認めたが、取締役個人についての責任は否定した。原告と被告 A の双方が控訴した。被告 A は、マニュアル不作成などを認めるなどの内容で原告と和解が成立したことを確認した。

6　両事件の類似点と相違点

第 6 節では、本研究で取り上げた 2 つの事件について類似点と相違点について論じる。両事件の類似点は、使用者側には、行員または、教習生の生命を津波の危険から保護する義務を負うという安全保護配慮義務があることを認めたこと。法的違法性は、両事件とも具体的な予見可能性をもって判断した点であることを述べる。

両事件の相違点は、前者の事件では、第二審の仙台高裁において、人命の被害をより確実に防止するため、管理者側には、防災計画には想定を超える津波があることを明記し、想定外の津波に備えて、より安全な場所に避難するよう尽力する必要であると強調したこと。また、法律観点からは、具体的な予見可能性が必要であるとの判断を明確に示したことが挙げられる。ここで重要なことは、裁判所が管理者側には、想定外の津波に備えるべき対応が必要であると明確に指摘したことを論ずる。

6-1　類似点

「七十七銀行女川支店事件」と、「自動車教習所事件」を比較したところ、前者の事件は、仙台高裁において「被告人は、上記被行員ら 3 名が使用人又は、上司の指示に従って遂行する業務を管理するにあたって、その生命及び健康などが地震や津波などの自然災害の危険から保護される

ように配慮すべきであった」[注12]と判示し、被告の銀行は、行員を津波から保護すべき義務があると判断した。後者の事件は、「本件地震発生後に教習が終了した午後2時50分より後についても、被告学校は、本件教習生らに対し、なお安全配慮義務を負うべき社会的接触関係にあったものと解する」[注13]と判示し、被告学校は、送迎バスで帰宅途中の教習生らに対する安全配慮義務があるとした。

前者の事件は、争点となった支店長が本件屋上への避難を指示したことにつき「本件屋上を超えるほどの高さの津波が襲来する危険性を具体的に予見することが可能であったとは認められない」[注14]と判示して安全配慮義務違反を否定した。後者の事件は、「坂元中学校に避難してくださいと避難先まで特定し、本件教習所付近にいる者に対して避難を呼びかける広報を現実に聞いていたと推認されることからすれば、遅くともその時点において本件教習所付近にも津波が来襲する事態を具体的に予期し得た」[注15]と判示して安全配慮義務違反を認めた。

このように、両事件の類似点は、使用者側には、行員または、教習生の生命を津波の危険から保護する義務を負うという安全保護配慮義務があることを認めたこと。そして、前者事件は管理者の安全配慮義務違反を否定し、後者事件は安全配慮義務違反を肯定するという違った裁判結果であったが、違法性については、両事件とも具体的な予見可能性をもって判断した点である。

6-2　相違点

相違点については、前者の事件において（仙台高裁 H27.4.22）は「津波災害への対応として、来襲する可能性のある津波の高さを確実に予測することのできない現状においては、人命の被害をより確実に防止するためには、防災計画や津波警報において想定されている高さを超える津波が来襲する可能性もあることを明記しておくとともに、想定外の高さの津波にも備えて、地震発生後直ちに、より安全な場所に避難するよう

尽力する必要があるといえる」[注16]と判示した。さらに、同高裁は「法的義務を課する観点からは、安全配慮義務の対象となる回避すべき危険は、具体的に予見することができる範囲とするものが相当である」[注17]と判示した。

　両事件の相違点は、前者の事件では、第二審の仙台高裁において、人命の被害をより確実に防止するため、管理者側には、防災計画には想定を超える津波があることを明記し、想定外の津波に備えて、より安全な場所に避難するよう尽力する必要であると強調したこと。さらに、法律観点からは、具体的な予見可能性が必要であるとの判断を明確に示したことが挙げられる。繰り返すならば、ここで重要なことは、裁判所が管理者側には、想定外の津波に備えるべき対応が必要であると指摘したことである。

　第6節では、本研究で取り上げた「七十七銀行女川支店事件」と、「自動車教習所事件」の類似点と相違点について論じた。類似点について、使用者側には、行員または、教習生を津波の危険から保護する義務を負う安全保護配慮義務があると判断したこと。違法性の判断は、両事件とも具体的な予見可能性をもって判断したことを説明した。

　相違点は、前者事件において、第二審の仙台高裁は、管理者側には、防災計画には想定を超える津波があることを明記し、想定外の津波に備えて、より安全な場所に避難するよう尽力する必要があると強調したことを述べた。

7　比較検討した内容と、想定外の津波の責任追及

　第7節は、比較検討した内容と、想定外の津波の責任追及について考えていきたい。前者は、上述した「七十七銀行女川支店事件」と、「自動車教習所事件」の相違点を再確認したところ、前者事件の裁判において法的義務を課する観点からは、具体的に予見することができる範囲のも

のであると明確に示していたことから安全配慮義務違反適法には限界があった。そこで、(仙台高裁 H27.4.22)が人命の被害をより確実に防止するためには、想定外の津波に備えるべく対応が必要であると強調した点に注目したこと。この指摘から管理者に求められる責任は、想定外の津波に備えることであると考えられたことを論じる。

　後者については、想定外の津波つまり、予見されない津波は責任を問うことができるかという点が焦点である。この問題は、ハンス・ヨナスの主張から管理者の行為が原因であれば想定外の津波でも責任を問うことが可能と解釈された。他方、ドラッカーによれば、「故意であろうとなかろうと自らが社会に与える影響については、責任がある。」との指摘から予見されない津波の責任追及は、「社会影響責任」としてとらえることができる。その概念は、組織や個人が社会に対して与える影響は、故意の有無や具体的危険性などを問わない責任であると解されることを述べる。

7-1　比較検討した内容

　前述のとおり、「七十七銀行女川支店事件」と、「自動車教習所事件」を比較検討したところ、両事件とも管理者には被管理者に対する安全配慮義務があるとしたものの、その違法性は、管理者が津波の危険を具体的に予測していたか否かをもって判断していた。さらに、前者の裁判において、法的義務を課する観点からは、具体的に予見することができる範囲のものであると明確に示していたことから具体的に予見することができない津波いわゆる想定外の津波は、法的義務を課すことはできない。すなわち、安全配慮義務違反適用には限界があった。

　そして、重要なことは、前述の相違点でも述べたが、仙台高裁が人命の被害をより確実に防止するためには、想定外の津波に備えるべく対応が必要であると強調した点である。この指摘から管理者に求められる責任は、想定外の津波に備えることであると考えられた。それでは、想定

第4章　津波災害の危機管理 ―管理者に求められる責任は何か―

外の津波に備えることを怠った責任はどこに求めるべきであろうか。

7-2　想定外の津波の責任追及

　想定外の津波つまり、予見されない津波は責任を問うことができるかという点について、ドイツの哲学者ハンス・ヨナス（2000）の主張が参考となる。彼は、著書『責任という原理』の中で「引き起こされた損害は埋め合わされなければならない。かりに損害が予見されず、意図されていなかったとしてもそうである。私の行為が原因であったらそれで十分である」(p.162)と述べている。この主張から、管理者の行為が原因であれば想定外の津波でも責任を問うことが可能と解釈される。

　一方、法的枠外の責任として、経済学者ピーター・ドラッカーの主張が注目される。ドラッカー（2002）は『マネジメント基本と原則』の著書で、「故意であろうとなかろうと自らが社会に与える影響については、責任がある。これが原則である。組織が社会に与える影響には、いかなる疑いの余地もなくその組織のマネジメントに責任がある」(p.94)と論じている。この内容は、社会に与える影響は組織のマネジメントに責任があることを示していることから「社会影響責任」としてとらえることができる。その概念は、組織や個人が社会に対して与える影響であり、故意の有無や具体的危険性は問わない責任であると解される。

　第7節では、比較検討した内容と、想定外の津波の責任追及について考えた。前者の比較検討した内容は、「七十七銀行女川支店事件」と、「自動車教習所事件」の違法性は、津波の具体的危険性があったか否かによって判断していたことから、いわゆる想定外の津波には安全配慮義務違反の法的義務を課すことはできないという限界があった。しかし、前者事件の（仙台高裁 H27.4.22）判決において、想定外の津波に備えるべく対応が必要であると指摘されたことから、管理者に求められる責任は、想定外の津波に備えることであると考えられたことを述べた。

後者の想定外の責任追及については、ハンス・ヨナスの主張から管理者の行為が原因であれば想定外の津波でも責任を問うことが可能と解されさらに、ドラッカーがいう社会に与える影響は、組織のマネジメントに責任があるという主張から本稿では、その責任すなわち想定外の津波に対して負う責任は、「社会影響責任」と捉えることを論じた。

8　考察

　第8節は、第一、想定外の津波と「社会影響責任」の対比と、第二、「社会影響責任」の位置関係について述べていきたい。第一の点は、想定外の津波を「社会影響責任」に概念に当てはめた結果、①人命を奪う想定外の津波は、社会に与える影響が大きいこと、②「社会影響責任」は、法的責任を超えたものであり、具体的予見可能性を問題としないこと、③津波災害は、企業又は、個人が意図しないで社会に与える影響であり責任を負うべきでものであることから想定外の津波に備える責任は、「社会影響責任」に該当することを述べる。

　第二の点は、法的責任である安全配慮義務とは、当事者間における法律関係の付随義務として一方又は双方が相手方に対して信義則上負う義務である。他方、「社会影響責任」は、法的責任ではないことから、安全配慮義務より広い概念であり、両者は危険の具体的可能性の有無によって区分されると考えられる。危険の具体的可能性があれば安全配慮義務であり、具体的可能性がなければ「社会影響責任」となると判断されることを述べる。

8-1　想定外の津波と「社会影響責任」の対比

　想定外の津波に備える責任は、「社会影響責任」に該当するか否かを判断するため、想定外の津波を上述した「社会影響責任」の概念に当てはめて対比した。その結果、第一に、人命を奪う想定外の津波は、社会に対して与える影響が大きいこと。第二に、「社会影響責任」は、法的責任を

第4章　津波災害の危機管理 ―管理者に求められる責任は何か―

超えた広い概念であり、具体的な予見可能性を問題としないこと。第三に、津波災害は、企業又は個人が意図しないで社会に与える影響であり責任を負うべきものであること。以上3つの事由から想定外の津波に備える責任は、「社会影響責任」が該当することが明らかになった。

このことは、すなわち管理者に求められる責任は、想定外の津波に備える責任を内在する「社会影響責任」であることを意味する。

8-2　「社会影響責任」の位置関係

「社会影響責任」の位置づけはどうか。まずは、法的な責任である安全配慮義務の内容をみていきたい。安全配慮義務とは、「一定の法律関係にある者が互いに相手の身体・生命を害さないように配慮すべき信義則上の義務。当初、雇用関係において認められる特殊な付随的義務とされていたが、判例によって、より一般的にある法律関係に入った当事者間において、当該法律関係の付随義務とされ、その射程は、診療契約・在学契約・請負契約など多方面にわたっている。主として危険を内包する場での人身事故の被害が問題とされる。」と定義されている。[注18]

安全配慮義務について最高裁（S50.2.25）は、「ある法律関係に基づいて特別な社会的接触の関係に入った当事者間において、当該法律関係の付随義務として当事者の一方又は双方が相手方に対して信義則上負う義務として一般的に認められるべきものである」[注19]と判示している。

換言するならば、安全配慮義務とは、当事者間における法律関係の付随義務として一方又は双方が相手方に対して信義則上負う義務といえる。安全配慮義務の根拠などは、判例法理によるものである。

「社会影響責任」は、法的責任ではないことから、安全配慮義務より広い概念であり、両者は危険の具体的可能性の有無によって区分されると考えられる。危険の具体的可能性があれば安全配慮義務であり、具体的可能性がなければ「社会影響責任」となると判断される。（図1.『「社会影響責任」の位置関係』参照）

図1. 「社会影響責任」の位置関係

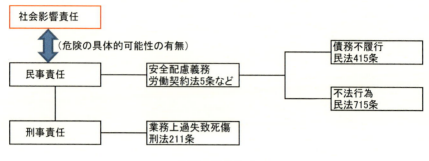

出所：筆者作成

　第8節では、第一は、想定外の津波と「社会影響責任」の対比と、第二は、「社会影響責任」の位置関係について述べた。第一の点は、想定外の津波を前述した「社会影響責任」の概念と対比した結果、①人命を奪う津波は社会に与える影響が大きいこと、②「社会影響責任」は法的責任を超えた広い概念であること。③津波災害は、企業又は個人が意図しないで社会に与える影響であり、責任を負うべきであることの三項目から、想定外の津波に備える責任は、「社会影響責任」であると解したことを説明した。

　第二の点は、「社会影響責任」は、法的責任ではないことから、安全配慮義務より広い概念であり、両者は危険の具体的可能性の有無によって区分されると考えられることを述べ、危険の具体的可能性があれば安全配慮義務であり、具体的可能性がなければ「社会影響責任」となると判断されることを論じた。

9　結論

　第9節は、これまで議論してきた本研究をまとめてみたい。本研究の目的は、津波災害の際、管理者に求められる責任は何かを探ることである。取り組んだ第一段階は、「七十七銀行女川支店事件」と、「自動車教習

第4章　津波災害の危機管理　―管理者に求められる責任は何か―

所事件」の2つの事件を取り上げて比較検討することとした。判明したことは、両事件ともに管理者側には、安全配慮義務があることを裁判所が認めたものの、その適用については津波襲来の危険性を具体的に予見可能な場合に限られるというものすなわち、安全配慮義務の適用には限界があった。

そして、重要なことは、前者事件の（仙台高裁H27.4.22）において、「人命の被害をより確実に防止するためには、想定外の津波に備えるべく対応が必要である」と強調された点である。この指摘から、想定外の津波に備えることが管理者に求められる責任であると考えられた。

次に、想定外の津波に備えることを怠った場合に問われる責任は何かを検討した。その結果、ヨナスの主張から予想外の津波は、責任を問うことが可能と判断し、さらにドラッカーの主張から「社会影響責任」を導き出した。

第二段階として、取り組んだのは想定外の津波と「社会影響責任」との対比である。その結果、第一に、人命を奪う想定外の津波は、社会に対して与える影響が大きいこと。第二に、社会影響責任は、法的責任を超えた広い概念であり、具体的な予見可能性を問題としないこと。第三に、津波災害は、企業と個人が意図しないで社会に与える影響であり責任を負うべきものであること。以上の事由から想定外の津波に備える責任は「社会影響責任」に該当することがわかった。

本研究の結論として、管理者に求められる責任の根拠は、想定外の津波に備える責任を内在する「社会影響責任」であることを述べる。

9-1　本論のまとめ

本論で問題提起として掲げた1つ目、管理者の事前対策に問題があった例は何かについては、「大川小学校事件」において管理者が作成した避難計画の危機管理マニュアルが形骸化していたと指摘されたほか、本研究で取り上げた2つの裁判事件では、いずれも津波発生時、管理者責任

者が不在であった。組織トップの者が不在の場合、代わって指揮を執る者を指定しておき、その者が実際の現場において、迅速に適切な指揮がとれるようにしておくことは重要であることを説明した。2つ目の管理者の判断の誤りを指摘された例はあるかについては、「幼稚園児送迎バス事件」において、裁判所が、地震発生後に津波に関する情報収集の履行を怠った結果、幼稚園から海側の低地帯に出発させて本件被災園児5人の津波被災を招いたと指摘された例が挙げられる。組織管理者は、安易に保護者へ子供を引き渡しまたは、帰宅させるという判断をすべきではない。自己の管理責任を自覚して保護すべきものはしっかり守るという意識が重要であると述べた。

　東日本大震災では津波によって多くの犠牲者を出したことを踏まえて、津波災害の際、管理者に求められる責任は何かを探るため、取り組んだ本研究は、第一段階として、管理責任が争われた「七十七銀行女川支店事件」と、「自動車教習所事件」の2つの事件を取り上げて比較検討することとした。判明したことは、両事件ともに管理者側には、被管理者の生命、身体を津波の危険から保護する義務を負うという安全配慮義務があることを認めたものの、その適用については津波襲来の危険性を具体的に予見可能な場合に限られるというものすなわち、安全配慮義務の適用には限界があるということであった。

　そして、重要なことは、前者事件の仙台高裁において、「人命の被害をより確実に防止するためには、想定外の津波に備えるべく対応が必要である」と強調された点である。この指摘から、想定外の津波に備えることが管理者に求められる責任であると考えられた。

　そこで、第二段階として想定外の津波に備えること怠った場合に問われる責任は何かを検討して、ヨナスの主張から予想外の津波は、責任を問うことが可能と判断し、さらにドラッカーの主張から「社会影響責任」を導き出した。

　次に第三段階として、取り組んだのは想定外の津波と「社会影響責任」

第4章　津波災害の危機管理　―管理者に求められる責任は何か―

との対比である。その結果、第一に、人命を奪う想定外の津波は、社会に対して与える影響が大きいこと。第二に、「社会影響責任」は、法的責任を超えた広い概念であり、具体的な予見可能性を問題としないこと。第三に、津波災害は、企業又は個人が意図しないで社会に与える影響であり責任を負うべきものであること。以上の事由から想定外の津波に備える責任は「社会影響責任」に該当することがわかった。

本研究の結論として、管理者に求められる責任の根拠は、想定外の津波に備える責任を内在する「社会影響責任」であるといえる。企業などの管理者は、危機管理の事前対応に重点を指向し、「社会影響責任」を果たすことが重要と考える。

第5章

施設事故の危機管理
―土地工作物責任．重要な要素は何か―

1 はじめに

　近年では、自動ドアによる来訪者の事故や建物の入居者が窓から転落する事故など多様な事故が起こっている。事故が発生すると被害者側から企業側に対して損害賠償請求というかたちで訴訟が提起される。その際に適用されるのが、民法717条に規定する土地工作物責任である。土地工作物責任は、土地の工作物の設置または保存に瑕疵があり、他人に損害を与えた場合に賠償責任を負うものである。

　本論では、初めに、先行研究を概観して、第一に、土地工作物責任制定の経緯、第二に、土地工作物概念の拡大について論じる。続いて、工作物責任に関する問題提起として、①台風などの自然災害で他人に損害を与えた場合責任を問えるか、②適法な手続きで行われた場合は免責されるかという2つを挙げた。

　本研究の目的は、2つの工作物責任に関する事件判例を分析して、成立要件である瑕疵の重要な要素は何かを探ることである。そこで、2001年の「介護施設における入所者転倒事故」と、2002年の「保育園屋上駐車場における車両転落事故」の2つの民事事件を取り上げて比較検討することとした。そして、分析基準の第一、事故の兆候はあったか、第二、違法性の判断で重視したものは何か、第三、事故の誘因となったものは何かについて検証した。

　次に、上述した第二に、注目した結果、前者の事件は、介護施設の建物構造が特に求められる安全性であること。後者の事件は、駐車場の構造には高度の安全性が要求されるということが確認された。これらのことから、瑕疵の重要な要素は、建物構造、設備などの工作物の安全性の高さであることが明らかとなった。さらに、安全性と工作物責任の要件である瑕疵との関係は、両者が比例の関係にあることから求められる安全性が高ければ、瑕疵も大きくなることがわかった。

2　先行研究

　企業の施設などで事故が起こった場合に適用されるのが民法に規定する土地工作物責任である。第2節では、その土地工作物責任の先行研究について俯瞰すると、第一に、土地工作物責任制定の経緯、第二に、土地工作物概念の拡大が挙げられる。

　前述の第一の点は、現行の民法は明治29年に制定されたが、その設立過程においては、当時の住宅事情から土地工作物の占有者主義と所有者主義の対立があったこと、目崎によれば、政策的判断によって折衷案となったことを述べる。

　第二の点は、昭和初期当時の判例では、土地の接着性と製造された物という要件が重視されたが、その後土地の接着性は緩和され、五十嵐は、「危険性の必要性が増大したので土地工作物責任の規定を拡張解釈し、足らない部分は、立法によって補充され今日に至っている」と論述しており、土地工作物概念が拡大してきていることを論じる。他方、土地工作物概念の拡大に関する判例は、鉄道における踏切などの保安設備について軌道設備全体を一体として土地の工作物であると認めたもの等があるが、主な判例について紹介する。

2-1　土地工作物責任制定の経緯

　土地工作物責任の設立過程について研究しているのは、法学博士の松本克己と、名誉教授の目崎哲久が挙げられる。現行の民法典は1896年に制定公布された。松本によれば、その成立過程をみると起草者の原案では、占有者主義を規定していたが、それに対して、所有者主義の論者が反対した結果、いわゆる妥協の産物として現行の民法717条すなわち、第一次的に占有者責任、第二次的に所有者責任の規定となったという（松本、2008）。

　他方、目崎哲久（1977）は、「本条は、論理的帰結からでき上ったものではなく公益上から便利のためにおかれた規定であった。したがって占

有者・所有者いずれに責任を負担させるかの決定にあたってもすぐれて政策的判断によって折衷的案に落ち着いた」(p.28) と論じている。

　両者が主張する所有者責任論は、(1) 日本では家屋の占有者であっても所有者でない者が多い、そうした占有者に対して損害賠償を請求しても実行性がない。(2) 家屋の修繕義務は、賃借人としての占有者ではなく所有者としての賃貸人にある。したがって、設置・保存の瑕疵による責任は、所有者が負うべきであるというものであり他方、占有者責任論は、(1) 土地工作物の瑕疵による損害を未然に防止するには、直接の関係にある者に責任を負わすには一番効力があるから占有者に責任を負担させるべきである。(2) 通常、占有者は近辺にいるが、所有者は遠方にいることもあり、所有者に責任を負わせることになれば被害者にとっては不便である。よって、瑕疵責任は占有者が負うべきであるというものである。

　当時の日本における住宅事情は、多くの場合、占有者である賃借人と所有者である賃貸人との関係にあったことを考慮し、その住宅建物に設置、保存の瑕疵があった場合に、占有者である賃借人に責任を負わすべきか、あるいは所有者としての賃貸人に責任を負わせるかという点で議論になったものと考えられる。そして、現行の民法717条は、論理的に制定されたものではなく、起草者の所有者責任論と占有者責任論の間をとった折衷的なものとして出来上がったものと解される。

　このような設立の経緯を踏まえて松本克実 (2008) は、「判例・通説の誰も否定しないように、所有者は占有者が免責される場合でも土地工作物責任を負うのである。したがって、土地の工作物の設置又は保存に瑕疵があることによって他人に損害を生じたとき (717条1項) に第一次責任を負っているのは、占有者ではなくむしろ所有者であると解することができるのではないか」(p.485) と指摘している点は注目される。

2-2 土地工作物概念の拡大

　土地工作物概念については、昭和初期の（大判 S3.6.7）判例では「土地に接着して人工的作業をなしたるによりて成立せる物」[注1]と定義されていたが、その後次第に適用領域が拡大されてきた。当初の定義では、土地の接着性と人工的に造られた物という2つの要件が重要と判断されたといえる。その後、土地の接着性は緩和されエレベーターなどは建物の使用を便利ならしめるためにその建物に設置されるものであって全体として建物の一部とみるべきであると解されている。

　法学者の五十嵐　清（1977）は、「危険性の必要性は、わが民法施行後、飛躍的に増大したのでこの土地工作物責任の規定を拡張解釈して、その必要性をみたすとともに足らない部分は、立法によって補充され今日に至っている」（p.25）と論じている。

　さらに、法科大学院教授の北河隆之，柳　憲一郎（2005）によれば、「その後判例は、土地工作物概念につき弾力的かつ機能的な解釈を施すことにより、次第にその範囲を拡大してきている」（p.3）と論じている。

　このような土地工作物概念の拡大傾向は、占有者・所有者の責任の根拠としての危険責任と報償責任の要請さらには、被害者救済などの法原理が挙げられる。危険責任とは、危険を実現した者が責任を負うべきであるということ。報償責任は、利益を上げる過程で他人に損害を与えた者は責任を負うべきであるというものである。

　土地工作物概念の拡大に関する判例は、鉄道における踏切などの保安設備について軌道設備全体を一体として土地の工作物であると認めたもの（東京地裁 S40.2.12 判時398号 p.11）、マンションの共用廊下に設置された消火器（大阪地判 H6.8.19 判時1525号 p.95）、レストランの自動ドア（東京地判 H13.12.27 判時1798号 p.98）、建物の窓（福岡高判 H19.3.20 判時1986号 p.58）などがある。

　第2節では、先行研究として第一に、土地工作物責任制定の経緯、第

二に、土地工作物概念の拡大について論じた。第一の点は、民法典の成立過程において土地工作物責任に関して当時の住宅事情から占有者論と所有者論の議論が行われた結果、現行の規定は、両者論の間をとった折衷的なものとなったことを述べた。

さらに、このような設立の経緯を踏まえて松本によれば、「所有者は、占有者が免責される場合でも、土地工作物責任を負うのであるから第一次責任を負っているのは占有者ではなくむしろ所有者ではないか」と指摘していることを論述した。

第二の点は、工作物責任概念の拡大については、当初の判例では、土地の接着性と人工的に造られた物という2つの要件が重視されたが、その後、危険責任・報償責任などの考えかたによって緩和され拡大解釈されてきたことを論じ、近年の裁判において土地工作物責任が認められた建物の窓やレストランの自動ドアなどがあることを説明した。

3　問題提起

第3節は、本論に関係する問題提起として第一に、台風などの自然災害で他人に損害を与えた場合責任は問えるか、第二に、適法な手続きで行われた場合は免責されるかについて考えていきたい。

第一の点は、昭和35年に発生した伊勢湾台風によって堤防が決壊し家族が水死した事件において名古屋地裁(S37.10.12)は、責任を否定した。他方、宅地造成地が豪雨によって崩壊し、他人所有の庭園が埋没したとして争われた裁判において、広島地裁(S42.8.22)は、土地工作物責任を認めた。結論として、一般的には責任を負わないが、設置・保存に瑕疵があるとして土地工作物責任を負う場合がある。自然の力による災害であっても設置・保存に瑕疵があれば土地工作物責任を負うことになることを述べる。

第二の点は、土地工作物責任は、適法な手続きで行われたものであっても責任を負う場合がある。単に関係法令を遵守していたとしてもそれ

は瑕疵の判断には、直接的に影響を及ぼさないからである。繰り返すならば、関係法令に従って適法な手続きによって行われた土地工作物の設置であっても、単にそれだけをもって設置・保存の瑕疵はないとはいえない。責任の有無は、他人に損害を及ぼす危険性のおそれがあるかなど個別具体的に判断されることを述べる。

3-1　台風などの自然災害で他人に損害を与えた場合責任は問えるか

　大雨、強風、台風などの自然災害は予想が困難であり不確実性がある。そうした自然災害によって工作物が崩壊し、他人に損害を与えた場合に責任を負うかということである。結論として一般的には責任を負わないが、設置・保存に瑕疵があるとして土地工作物責任を負う場合がある。

　自然災害が原因で責任が認められなかった例は、昭和35年に発生した伊勢湾台風によって堤防が決壊し家族が水死した事件である。名古屋地裁（S37.10.12）は、堤防の瑕疵を理由とする国家賠償法の適用について、「堤防の設置その後の補修などの管理に欠けるところがなければ瑕疵はなく、決壊は異状高潮という不可抗力による災害と認められる」[注2]と判示して責任を否定した。

　他方、土地工作物責任を認めた例がある。宅地造成地が豪雨によって崩壊し、他人所有の庭園が埋没したとして争われた裁判において、広島地裁（S42.8.22）は、土地工作物責任を認めた。被告人の不可抗力抗弁については「本件の造成地の崩壊は、昭和37年7月に広島市に施行された宅地造成等規制法などの基準により防止できたものであり瑕疵がある。防災の施設費用、経済効果から困難であってもそれだけで責任は免れない」[注3]と判示した。また、台風によって屋根瓦が飛んで隣家の車庫の壁を破損したとする裁判で福岡高裁（S55.7.31）は、「台風という自然力が働いたからといって瑕疵ないし、瑕疵と損害の因果関係を欠くものではない。瓦を針金で固定するなどの瑕疵があった」[注4]として土地工作物責任を認めたものがある。

自然災害との関係について、有泉　亨 (1980) は、「自然力が競合した場合でも、設置・保存に瑕疵ありということで工作物責任の肯定される事例が多い。自然力も一種の不可抗力とみれば不可抗力ということだけで所有者が免責されることはない」(p. 168) と述べている。また、民法学者の目崎哲久 (1977) は、「瑕疵の不存在の立証と不可抗力の立証とでは、紙一重の差があるに過ぎない。実際上は、何らかの瑕疵に自然力が加わって損害が発生することが多いが、この時は原則として不可抗力抗弁は認められない。」(p. 899) と論じている。自然災害は人災であるといわれることが多い。自然の力による災害であっても設置・保存に瑕疵があれば土地工作物責任を負うことになるといえる。

3-2　適法な手続きで行われた場合は免責されるか

　工作物の設置については、建築基準法などの関係法令によって安全上の設置基準が定められていることが多い。占有者・所有者は、このような関係法令を遵守していれば責任を負わないかという疑問である。土地工作物責任は、適法な手続きで行われたものであっても責任を負う場合がある。単に関係法令を遵守していたとしてもそれは瑕疵の判断には、直接的に影響を及ぼさないからである。

　有泉　亨 (1980) は、「所有者自身の行為については、違法性がなくても、工作物によって他人に損害を生ずる危険性があれば、所有者の賠償責任が認められるので普遍化していえば、たとい適法に設備された工作物でもそれが損害を生ずる危険性を伴うものである限りこれによって生じた損害については、所有者は賠償責任を負うべきである。」(p. 144) と述べている。他方、目崎哲久 (1977) は「行政基準をみたしたとしても、それだけで瑕疵なしとされるわけではない。」(p. 88) と述べている。

　炭鉱の火災事故に関し、福岡地裁 (S50.3.1) は「保安関係法令については、危険防止のために類型的な場合を想定して設けられた一般的画一的基準に基づき種々の措置を命じているものにすぎないから、個々の具

第5章 施設事故の危機管理 —土地工作物責任．重要な要素は何か—

体的場合において要求される適切な措置なるものが右基準によって限定されることはなく、したがって右保安関係法令所定の保安基準を遵守したからといって坑道の設備・保存に瑕疵がないと一概にいうことができない」[注5]と判示し、行政上の基準を満たしていたとしても土地工作物責任はないとはいえないと指摘している。

　関係法令に従って適法な手続きによって行われた土地工作物の設置であっても、単にそれだけをもって設置・保存の瑕疵はないとはいえず、他人に損害を及ぼす危険性のおそれがあるかなど個別具体的に判断されるといえる。

　第3節では、本研究に関係する問題として第一、台風などの自然災害で他人に損害を与えた場合責任を問えるか。第二、適法な手続きで行われた場合は免責されるかという点について考えた。第一の点は、昭和35年に発生した伊勢湾台風によって堤防が決壊し家族が水死した事件において名古屋地裁（S37.10.12）は責任を否定した。他方、宅地造成地が豪雨によって崩壊し、他人所有の庭園が埋没したとして争われた裁判において、広島地裁（S42.8.22）は、土地工作物責任を認めたことを紹介した。結論として、一般的には責任を負わないが、設置・保存に瑕疵があるとして土地工作物責任を負う場合がある。自然の力による災害であっても設置・保存に瑕疵があれば土地工作物責任を負うことを論じた。

　第二の点は、炭鉱の火災事故に関して福岡地裁（S50.3.1）は「右保安関係法令所定の保安基準を遵守したからといって坑道の設備・保存に瑕疵がないと一概にいうことができない」[注5]と判示したことなどを紹介した。そして、適法な手続きで行われた場合でも責任を問われる場合があることを説明した。なぜならば、単に関係法令を遵守していたとしてもそれは、瑕疵の判断には直接的に影響を及ぼさないからであると述べた。

4 工作物責任と2つの裁判事例の選定基準など

　第4節は、工作物責任の定義と要件と、2つの裁判事例の選定基準と分析基準などについて論じていきたい。前者の工作物の定義は、民法に「土地の工作物の設置または保存に瑕疵があることによって他人に損害を生じたときは、その工作物の占有者は被害者に対してその損害を賠償する責任を負う」と規定している。要件は、①土地の工作物であること、②設置または保存に瑕疵があること、③瑕疵と損害の間に因果関係があることについて述べる。

　後者の本稿で取り上げる2つの裁判事例の選定基準は、①民事事件であること、②土地工作物責任について判断したものであること、③判決が確定したものであることの三項目を説明する。

　後者の工作物責任の重要な要素を探るために分析する基準として第一、事故の兆候はあったのか、第二、違法性の判断で重視したものは何か、第三、事故の誘因は何かの三点を定めたことを論じる。

4-1 工作物責任の定義と要件等

　工作物責任は、民法717条に規定している。その内容は「土地の工作物の設置または保存に瑕疵があることによって他人に損害を生じたときは、その工作物の占有者は被害者に対してその損害を賠償する責任を負う。ただし、占有者が損害の発生を防止するのに必要な注意をしたときは、所有者がその損害を賠償しなければならない」と規定している。

　工作物責任の成立要件は、第一に土地の工作物であること。第二に設置または保存に瑕疵があること。第三に瑕疵と損害の間に因果関係があることである。（図1.「工作物責任」参照）

　工作物責任を負うのは占有者と所有者である。第一次的に責任を負うのが占有者であり、第二次的に責任を負うのが所有者であると解されている。占有者について（東京高裁S29.9.30）は「工作物を事実上支配し、その瑕疵を修補しえて、損害の発生を防止しうる立場にある者」と判示

第 5 章　施設事故の危機管理 ―土地工作物責任．重要な要素は何か―

図1．工作物責任

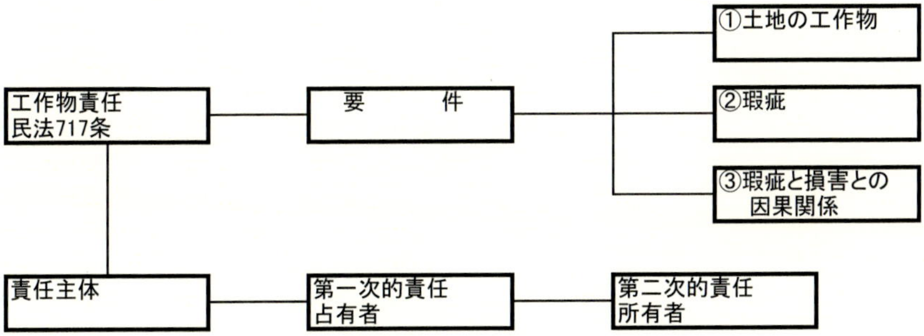

```
工作物責任          要　　件  ──┬── ①土地の工作物
民法717条                       ├── ②瑕疵
                                └── ③瑕疵と損害との
                                     因果関係

責任主体           第一次的責任      第二次的責任
                  占有者            所有者
```

出所：筆者作成

している。[注6)]たとえば、アパートなど借家に住んでいるものは占有者であり、借家の大家・オーナー owner は所有者である。また、建売分譲住宅を購入してそこに居住しているものは、占有者であり所有者である。(最高裁 H5.3.30) は、「瑕疵とは、通常有すべき安全性を欠いている状態をいう」と判示した。[注7)] 本判断は、公の営造物に関するものであるが、瑕疵は、行為者の過失によることは必要ではなく、客観的に判断されるというのが通説である。

4-2　2つの裁判事例の選定基準と分析基準など

工作物責任に関する本研究を行うため、2つの裁判事例を取り上げ比較検討することとした。選定基準は、
(1) 民事事件であること
(2) 土地工作物責任について判断したものであること
(3) 判決が確定したものであること
である。この基準により選定したのが「介護施設における入所者転倒事故事件」と、「保育園屋上駐車場からの車両転落事故事件」である。
次に、工作物責任の重要な要素を探るために分析する基準として
第一、事故の兆候はあったのか

第二、違法性の判断で重視したものは何か

　第三、事故の誘因は何か

の三点を定めた。設定した理由は、第一は、事故が起こる前にはほとんどの場合兆候とみられる事案が起こっているため。第二は、裁判所が判断した工作物責任の違法性の解釈が重要と考えた。第三は、事故の誘因が違法性に影響をおよぼす場合があるからである。

　第4節では、工作物責任の意義と要件と、2つの裁判事例の選定基準と分析基準について論じてきた。前者は、土地工作物の成立要件は、①土地の工作物であること、②設置または保存に瑕疵があること、③瑕疵と損害との間に因果関係があることの三項目が必要であることを述べた。さらに、工作物責任について責任を負う者は、第一次的に占有者であり、第二次的に所有者であることを確認した。また、瑕疵とは、通常有すべき安全性を欠いている状態であることを説明した。

　後者では、比較検討するための判例の選定基準について、①民事事件であること、②土地工作物責任について判断したものであること、③判決が確定したものであることを述べた。

　後者の工作物責任の重要な要素を探るための分析基準としては、第一、事故の兆候はあったか。第二、違法性の判断で重視したものは何か、第三、事故の誘因は何かの三点を設定したことを論述した。

5　2つの裁判事例の概要と裁判の流れ

　第5節は、本研究で取り上げた「介護施設における入所者転倒事故事件」と「保育園屋上駐車場からの車両転落事故事件」の概要と、裁判の流れについて紹介する。前者事件は、介護老人保健施設において、当時95歳の高齢女性原告Xは、排泄物容器を持ちシルバーカーに掴まりながらトイレに排泄物を捨てた後、その容器を洗おうとして処理場に入ろうとした際、出入口のコンクリート製凸状仕切りに足を引っかけて転倒し、

傷害を負ったとして同施設を経営する福祉法人Yに対して損害賠償を請求した。島地裁白川支部は、仕切りは工作物の瑕疵に当たると判断して福祉法人Yの損害賠償責任を認めた。

後者事件は、Y3が同駐車に駐車する際、運転を誤って駐車場の柵に2回にわたって衝突し、約3.6メートル下の園庭に転落し、園庭にいた園児Aに激突して死亡させた事故を起こした。同園児の父母Xらは、被告法人Y、代表者理事Y1、園長Y2、乗用車を運転していたY3に対して、損害賠償を請求した。第一審は、運転していたY3に対する責任を肯定し、駐車場の転落防止柵の強度が不十分であるとして、Y法人の責任を認めたが、代表理事Y1と園長Y2の責任を否定した。両親XとY法人の双方は、これを不服として控訴した。

第二審は、運転していたY3とY法人のほか、代表理事Y1と園長Y2についても責任を認めたことを述べる。

5-1 「介護施設における入所者転倒事故事件」

平成13年1月8日夕方、介護老人保健施設において、入所していた当時95歳の高齢女性Xは食堂で夕食を済ませ、自室に戻ったところ、ポータブルトイレ中の排出物が清掃されていなかったので、夜間もこれをそのまま使用することを不快と感じ、これを自分で処理場に運んで処理しようと考えた。そこで原告Xは同日午後6時ころポータブルトイレ排泄物容器を持ちシルバーカーに掴まりながら廊下を歩きトイレに排泄物を捨てた後、その容器を洗おうとして処理場に入ろうといたところ出入口の高さ87ミリメートル、幅95ミリメートルのコンクリート製凸状仕切り（以下「仕切り」という。）に足を引っかけて転倒し、右大腿部頸部骨折の傷害を負ったとして同施設を経営する福祉法人Yに対して民法717条の工作物責任などに基づき損害賠償を請求した。

福島地裁白川支部（H15.6.3）は、ポータブルトイレが清掃されないままであれば、入所者が自ら処理・清掃したいと考えるのは当然であると

して福祉法人Yの債務不履行責任を認容し、仕切りは工作物の瑕疵に当たると判断して福祉法人Yの民法717条の損害賠償責任を認めた。[注8]

5-2 「保育園屋上駐車場からの車両転落事故事件」

　Y福祉法人が経営する保育園の屋上には駐車場が設置されていた。平成14年9月18日午後4時ころ、ほかの園児の祖父Y3が乗用車を運転して園児を迎えにきて同駐車に駐車する際に、運転を誤って駐車場の柵に2回にわたって衝突、これを突き破って、約3.6メートル下の園庭に転落し、園庭にいた園児Aに激突して死亡させた事故を起こした。同園児の父母Xらは、被告法人Y、代表者理事Y1、園長Y2、乗用車を運転していたY3に対して安全配慮義務不履行責任、不法行為責任、駐車場の設置又は保全の瑕疵による土地工作物所有者責任などに基づき損害賠償を請求した。

　第一審の名古屋地裁（H17.3.29）は、運転していたY3に対する損害賠償責任を肯定した他、転落防止の駐車場の柵の強度が不十分であるなど、通常有すべき安全性に欠けるとして、Y法人に工作物の瑕疵による損害賠償責任を認めたが、代表理事Y1と園長Y2については安全配慮義務違反を認めることは困難として責任を否定した。[注9]遺族側の両親XとY法人などの双方は、これを不服として控訴した。

　第二審の名古屋高裁（H18.2.15）は、運転していたY3とY法人のほか、事故の7カ月前にも駐車場の柵に衝突する事故があったなどとして代表理事Y1と園長Y2についても民法709条の不法行為責任を認めた。[注10]

　第5節では、本研究で取り上げた「介護施設における入所者転倒事故事件」と、「保育園屋上駐車場からの車両転落事故事件」について概要と、裁判の流れについて紹介した。前者事件は、介護老人保健施設に入所していた高齢女性Xは、自室のポータブルトイレの排出物が清掃されていなかったことから自分で処理場へ運んで処理した際、出入口の凸状仕切

りに足を引っかけて転倒し傷害を負ったとして損害賠償請求の訴えを提起した。裁判所は、仕切りは工作物の瑕疵にあたると判断して福祉法人Yの責任を認めたことを述べた。

後者事件は、Y福祉法人が経営する保育園の屋上に設置されていた駐車場に他の園児の祖父Y3が乗用車を運転して駐車する際、運転を誤って柵を突き破り約3.6メートル下の園庭に転落し、園児Aを死亡させた事故を起こしたことから同園児の父母Xらが、土地工作物責任などの損害賠償請求を起こした。第一審は、運転していたY3と、Y法人に対する責任を認め、代表理事Y1と園長Y2に対する責任は否定した。第二審では、代表理事のY1園長Y2の責任も認めたことを説明した。

6 考察

第6節は、考察として2つの事件の分析内容と、その分析から明らかになったことについて述べていきたい。前者は、「介護施設における入所者転倒事故事件」と、「保育園屋上駐車場からの車両転落事故事件」について、前述した分析基準の第一、兆候はあったか、第二、裁判所が違法性の判断で重視したものは何か、第三、事故の誘因となったものは何かについ当てはめ分析した結果、前者事件では、第一の点は、なかったと判断される。第二の点は、介護施設という特質上、入所者の身体に危険が生じない建物構造などが特に求められる安全性であった。第三の点は、被告Yが介護マニュアルに従ってポータブルトイレを清掃していなかったことである。他方、後者事件では、第一の点は、7カ月前にも衝突事故が起きており、兆候があった。第二の点は、多数の園児の命を守る生命線となる本件駐車場の構造には、高度の安全性が要求されることが指摘された。第三の点は、車両が園庭に転落するという事故は、起きないだろうという思い込みがあったと考えられることを述べる。

後者は、分析基準第二の違法性の判断において重視したものは何かという点に注目したところ、前述のとおり、前者の事件は、介護施設の建

物構造が特に求められる安全性であるとして工作物責任の違法性を認めた。後者の事件は、保育園の駐車場の構造には高度の安全性が要求されるとして工作物責任の違法性を認めた。

　以上のことから瑕疵の重要な要素は、建物構造や設備などの工作物に求められる安全性の高さであることが明らかになったことを論ずる。

6-1　2つの裁判事件の分析内容

　「介護施設における入所者転倒事故事件」と、「保育園屋上駐車場からの車両転落事故事件」について、分析基準の第一、兆候はあったか、第二、裁判所が違法性の判断で重視したものは何か、第三、事故の誘因となったものは何かについて当てはめ分析すると、前者事件では、第一については、以前にも同様の転倒事故があったということが主張されていなかったことから、本件事故の兆候はなかったと判断される。第二は、福島地裁白川支部は、「本件施設は、身体機能の劣った状態にある要介護老人の入所施設であることから、その性質上、入所者の移動ないし、施設利用などに際して、身体上の危険が生じないような、建物構造・設備構造が特に求められているというべきである。」と判示し、[注11]民法717条の土地の工作物の設置または保存の瑕疵に該当すると判断した。このことから、介護施設という特質上、入所者の身体に危険が生じない建物構造などが特に求められる安全性であった。第三は、被告Yが介護マニュアルに従ってポータブルトイレを清掃していなかったことといえる。

　他方、後者の事件では、第一については、7カ月前にも本件と同様の衝突事故が起きており、本件事故が起きる兆候があった。第二審では、原審で判断した民法717条の工作物責任を是認したほか、「実際に車両が本件駐車場柵に衝突するという事故が発生したのであるから（中略）本件駐車場の利用を中止するなど所要の措置をとるべき注意義務があったというべきである。」と判示し、[注12]代表理事Y1と、園長Y2の民法709条の不法行為責任を認めた。第二は、第一審において「本件駐車場に防

護柵がなく運転操作の誤り等により、自動車が園庭に落下した場合は、その下にいる園児が重大な被害を被ることは明らかである。したがって、本件駐車場柵は、多数の園児に命を守る生命線というべきものであり、その強度やこれと一体となった本件駐車場の構造については、高度の安全性が要求されるものと解するのが相当である。」[注13]と判示し、本件駐車場の設置または保存には瑕疵があったと判断した。換言するならば、多数の園児の命を守る生命線となる本件駐車場の構造には、高度の安全性が要求されることが強調されたといえる。第三は、被告の代表理事Y1、園長Y2らは、同駐車場では車両が園庭に転落するという事故は起きないだろうという思い込みがあったと考えられる。

6-2 分析から明らかになったもの

　第一の兆候については、後者の事件では、民法709条の不法行為責任上は重要となるものであるが、工作物責任を争う本件裁判では、必ずしも重視されたとはいえない。第三の事故の誘因となったものについては、前者の事件では、介護マニュアルに従ってポータブルトイレを清掃していなかったことが債務不履行責任に該当すると判断されたものの工作物責任の適用に関して重要な要素とは判断されなかった。そこで、第二の違法性の判断において重視したものは何かという点に注目したい。

　前者の事件は、介護施設の建物構造が特に求められる安全性であるとして工作物責任の違法性を認めた。後者の事件は、保育園の駐車場の構造には高度の安全性が要求されるとして工作物責任の違法性を認めた。換言すれば、前者事件の場合は、身体機能の劣った高齢者が入所する介護施設という特殊性からその建物の構造は、安全性が特に求められるものである。その特に求められる安全性を欠いているので瑕疵があると判断されたと説明される。

　他方、後者事件の場合は、保育園という幼児が多く集まっている施設の特殊性からその屋上に設置されている駐車場の構造は、園児らの命を

守る生命線であり高度な安全性が要求される。その高度な安全性を欠いているので瑕疵があると判断されたといえる。

　以上のことから瑕疵の重要な要素は、建物構造や設備などの工作物に求められる安全性の高さであることが明らかになった。(図2.「瑕疵の重要な要素」参照)

図2.　瑕疵の重要な要素

出所：筆者作成

　第6節では、「介護施設における入所者転倒事故事件」と、「保育園屋上駐車場からの車両転落事故事件」について分析内容と、分析から明らかになったことを論述した。前者は、両事件に分析基準として第一、兆候はあったか、第二、裁判所が違法性の判断で重視したものは何か、第三、事故の原因となったものは何かを当てはめ分析した。その結果、前述の第二、に注目すると、前者事件では、介護施設という特殊性から建物構造などが特に求められる安全性であり、後者事件では、駐車場の直下には幼稚園があることから駐車場の構造には高度の安全性が要求されるという点であった。

　後者は、前述の分析結果から、瑕疵の重要な要素は、建物構造や設備などの工作物に求められる安全性の高さであることが明らかになったことを述べた。

7　工作物の安全性の高さと安全性の区分

　第7節は、工作物の安全性の高さと、安全性の区分について議論してみたい。前者は、工作物責任の成立要件である瑕疵とは、前述のとおり、当該工作物が通常有すべき安全性を欠いている状態をいう。したがって、瑕疵の重要な要素である安全性の高さは、成立要件の瑕疵に直接影響する。安全性と瑕疵の関係は、安全性の程度が高くなれば、瑕疵の度合いも大きくなる。安全性の欠陥は、瑕疵の大きさに比例すると考えるからである。

　後者は、工作物の安全性はどのような区分ができるかについて検討すると、建物構造や設備の特殊性や使用実態などによって、①通常の安全性、②特別な安全性、③十分な安全性、④高度な安全性という4つに区分されると考える。その内容又は例として、前述の①は、瑕疵の一般的な概念であり通常有すべき安全性であり、②は、高齢者の介護施設など。③は、アパートの窓に手すりや柵などを設置しなかった場合など。④は、多数の園児の命を守る生命線となる駐車場の構造などであることを述べる。

7-1　工作物の安全性の高さ

　工作物責任の成立要件である瑕疵とは、既述のとおり、当該工作物が通常有すべき安全性を欠いている状態をいう。言い換えれば、工作物の通常有すべき安全性を欠くことがすなわち瑕疵があるということになる。したがって、瑕疵の重要な要素である安全性の高さは、成立要件の瑕疵に直接影響する。

　安全性と瑕疵の関係は、安全性の程度が高くなれば、瑕疵の度合いも大きくなる。安全性の欠陥は、瑕疵の大きさに比例すると考えるからである。(図3.「安全性と瑕疵の関係」参照)

図3. 安全性と瑕疵の関係

| 安全性 | 低い → 高い |
| 瑕疵 | 小さい → 大きい |

出所：筆者作成

　瑕疵があれば、他の成立要件である土地の工作物該当性と、瑕疵と損害との因果関係が認定されることよって工作物責任が成立することになる。

7-2　工作物の安全性の区分
　工作物の安全性は、どのような区分ができるかについて検討すると、建物構造や設備の特殊性や使用実態などによって、①通常の安全性、②特別な安全性、③十分な安全性、④高度な安全性という4つに区分されると考える。（図4.「安全性の区分」参照）

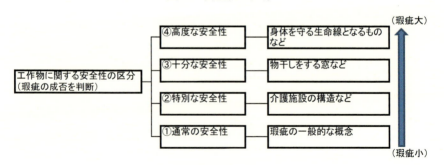

図4.　安全性の区分

出所：筆者作成

①の通常の安全性は、瑕疵の一般的な概念であり通常有すべき安全性と理解されている。②の特別な安全性は、本件で取り上げた「介護施設における入所者転倒事故事件」において、高齢者の入居施設は安全性が特に求められると指摘された。③の十分な安全性は、アパートの賃借人の妻が洗濯物を干す際に二階の窓から転落して死亡した事件について、福岡高裁（H19.3.20）は「本件窓に手すりや柵などが設置させていなかったことは、転落防止という観点からしてその安全性が十分なものでなかった」[注14]と判示している。④の高度な安全性は、本件で取り上げた「保育園屋上駐車場からの車両転落事故事件」において、多数の園児の命を守る生命線となる駐車場の構造は、高度の安全性を要求されると指摘された。

第7節では、工作物の安全性の高さと、安全性の区分について考えた。前者は、安全性の高さは、成立要件の瑕疵に直接影響する。そして、安全性と瑕疵との関係は、比例関係にあり、安全性の程度が高くなれば瑕疵の度合いも大きくなり、逆に安全性が低くければ瑕疵の度合いは小さくなることを確認した。

後者は、建物の構造や施設の特殊性、使用実態などによって、①通常の安全性、②特別な安全性、③十分な安全性、④高度な安全性の4つに区分されることを説明し、本論で取り上げた介護施設の事件は、前述の②に該当し、幼稚園の真上に位置する駐車場の事件は、④に当たることを述べた。

8　結論

第8節は、本論の結論としてこれまで論じてきた内容をまとめることとする。本研究の目的は、工作物責任の成立要件である瑕疵の重要な要素は何かを探ることである。初めに、取り組んだのは、民事裁判において工作物責任の成否について争われた「介護施設における入所者転倒事

故事件」と、「保育園屋上駐車場からの転落事故事件」の2つの判例を取り上げ、分析基準として定めた第一、事件の兆候はあったか、第二、違法性の判断で重視したものは何か、第三、事件の誘因は何かという三点を当てはめて分析した。

次に、分析基準の上述した第二に注目して検証した。その結果、前者の事件では、介護施設の建物構造について、特に求められる安全性であるとして工作物責任の違法性を認めた。後者の事件では、園児の生命を守る駐車場の構造は、高度の安全性が要求されるとして工作物責任を肯定したことが確認された。

以上のことから瑕疵の重要な要素は、工作物の安全性の高さであることが明らかとなった。さらに、工作物の安全性と瑕疵との関係は、両者が比例関係にあることから安全性の程度が高くなれば瑕疵の度合いも大きくなると結論づけたことを述べる。

8-1 本論のまとめ

本研究の目的は、工作物責任の成立要件である瑕疵の重要な要素は何かを探ることである。まずは、工作物責任に関係する問題提起と説明を行った。第一に、台風などの自然災害で他人に損害を与えた場合責任は問えるかという点である。この問題は、一般的に責任は負わないが、設置・保存に瑕疵があるとして工作物責任を負うことがあると説明される。第二に、適法な手続きで行われた場合は免責されるかという点である。工作物責任は、適法な手続きで行われたものであっても責任を負う場合がある。なぜならば、単に関係法令を遵守していたとしても瑕疵の判断には、直接的に影響を及ぼさないからである。

本論の探究方法は、民事裁判において工作物責任の成否について争われた「介護施設における入所者転倒事故事件」と、「保育園屋上駐車場からの転落事故事件」の2つの判例を比較検討することとした。初めに取り組んだのは、分析基準として第一、事件の兆候はあったか、第二、違法

性の判断で重視したものは何か、第三、事件の誘因は何かという三点を定めて両事件を分析した。

次に、分析基準の上述した第二に注目して検証した。その結果、前者の事件では、介護施設の建物構造について、特に求められる安全性であるとして工作物責任の違法性を認めた。後者の事件では、園児の生命を守る駐車場の構造は、高度の安全性が要求されるとして工作物責任を肯定したことが確認された。

以上のことから瑕疵の重要な要素は、工作物の安全性の高さであることが明らかとなった。そして、工作物の安全性と瑕疵との関係は、両者が比例関係にあることから安全性の程度が高くなれば瑕疵の度合いも大きくなると結論づけた。

第6章

近隣騒音の受忍義務
―重要な要素は何か―

1　はじめに

　私たちの暮らしの中で騒音は、どこにでもある問題であり、むしろ人は、騒音の中で生活しているといっても過言ではない。移動販売車のスピーカーから高い音で聞こえてくる音をうるさいと感じることがある。それでは、全く騒音のない中での生活はどうか。閉ざされた空間の中に1人置かれた感じであり、それは決して居心地の良い環境とはいえないのではないだろうか。騒音とは難しい問題である。

　騒音の中でも、近隣騒音は、市民の身近な問題としてトラブルを起こし、訴訟に発展することがある。他方、近隣騒音は、子供の声が関係することが少なくない。そこで、近年社会問題になっている子供の声は騒音かというテーマにもスポットをあてて議論していく。

　訴訟になった場合、違法性をめぐって争われるのが受忍限度である。受忍限度は、騒音などの生活妨害事案において違法性を判断する基準とされている。[注1)]違法性の判断は、侵害行為の態様や、程度等諸般の事情を総合的に考慮して一般社会生活上受忍すべき程度を超えているかどうかによって決すべきであるというのが最高裁（H6.3.24）の解釈である。[注2)]

　近隣騒音の場合、受忍限度を判断する最も重要とされる要素は何かを探るのが研究の目的である。初めに、先行研究を概観し、第一に、裁判で争われた論点に関するもの、第二に、受忍限度論の研究について議論した。続いて、近隣騒音に関係する問題提起として第一に、環境基準よりも高い騒音であれば責任を問えるか。第二に、騒音があることを承知して入居した場合、損害賠償を請求できるかという2つの点を挙げ議論した。

　本研究の進め方は、2つの裁判例を分析して検討する方法をとることとした。選定した裁判例は、2012年に判断された「スポーツ施設騒音事件」と、2017年に第一審判決があり、最高裁まで争われた「保育園騒音事件」である。この2つの事件を分析するに当たり基準としたのは、第

第 6 章　近隣騒音の受忍義務 ―重要な要素は何か―

一、騒音の発生源は何か、第二、騒音の程度はどうか、第三、加害者側の損害回避措置はどうかの三点である。同基準により分析し、さらに、前述の第三に注目した結果、両事件は、被告が様々な騒音低減措置を行い、誠実に対応した点を裁判所が重視したことが確認された。したがって、受忍限度を判断する重要な要素は、加害者側の損害回避措置であると結論付けた。

　本研究結果から、加害者側の損害回避措置すなわち、加害者が騒音の低減について誠意をもって行うことにより、近隣騒音トラブルは減少させることができると考える。

2　先行研究

　騒音についての先行研究を概観すると、第一に、裁判で争われた論点に関するもの、第二に、受忍限度論の研究が挙げられる。前述の第一は、野田によれば、騒音闘争として日本で初めて大正 13 年に大審院判決があった判決と、上告審では騒音事件の二番目となる昭和 42 年の最高裁判決を比較しその結果、前者は、騒音よりむしろ、振動による壁に傷が入るという物質的損害を重視し、後者は騒音による生活の静穏が害されたという抽象的な対象であったと指摘したことを述べる。ここで後者の違法性の判断は、受忍限度論を適用したという点は重要である。

　第二は、野田が受忍限度の具体的な基準として 7 項目を提示し、その項目の中の「被害者と加害者に利益の均衡」で考えられる事情として示した「加害者側で防音設備を十分にしたかどうか」という点を指摘していることを述べる。この点は押さえておく必要がある。

　他方、松本教授は、騒音を私人間の生活騒音と企業の事業騒音に分けて説明し、生活騒音は、いわゆるお互い様という相隣関係が前提となるが、事業騒音の場合は、企業が出す騒音が受忍の範囲内であると判断されるのは、公共性・公益性という基準に該当する場合であると指摘していることなどについて論ずる。

2-1 裁判で争われた論点に関するもの

　日本の裁判において騒音問題は、どのような論点で争われてきたのか。判事であった野田愛子は、我が国の騒音紛争における最初の上告審判決である「広島かんがい用ポンプ事件」(大審院 T13.6.19)と、二番目の上告審判決である「名古屋の製造機械騒音事件」(最高裁 S42.10.31)を比較して論じている。

　野田愛子によれば、この2つの判決の間には、約40年という以上の歳月が経っていると紹介し、前者は、騒音よりむしろ振動によって壁に傷が入るという物質的損害を生じているという事案であり、後者は、騒音振動による生活の静音が害されたという抽象的な被害が対象となった事案であると述べ、さらに、法的論点の差について、前者の大審院判決の場合は、広島市のかんがい事業という正当業務によって生ずる侵害について、不法行為が成立するかどうかいわば、玄関口を通すかどうかを問題にしているのに対して、後者の最高裁判決では、企業の操業によって生ずる侵害について不法行為の成立を当然のこととしながら、その前提に立ったうえで戦後の下級審裁判例の積み重ねてきた騒音の「容認すべき限度」という新しい法的枠組み、いわば、玄関口を通って部屋の中身を問題としていると論じている。そして、後者について、騒音に関する最高裁判決は、生活妨害判例法とくに騒音ニューサイエンス判例法の形成にとってリーディング・ケースとして持つ意義は大きいと指摘している(野田, 1968)。

　野田は、騒音問題についての裁判について、大正後期の大審院の判決と、その判決から約40年以上経過した昭和42年最高裁の判決を比較して、相違点は、前者は、被害者の物質的損害と、正当業務行為に対して民法709条に規定する不法行為が成立するかどうかを問題にしている。後者は、被害者の精神的損害と、不法行為の違法性を判断する受忍すべき限度を問題としていることを指摘している。そして、後者は、「容認すべき限度」すなわち、受忍限度論は、騒音の判例法としてもつ社会的意義

は大きいと強調している。大正時代当時は、騒音よりも振動による損害が問題になっていたこと、正当業務が不法行為に該当するか否かについて争点となっていたことは興味深い。他方、騒音訴訟において、日本で初めて最高裁が受忍限度論を適用したことは注目される。

下級審の騒音問題に関係する判例はどうかについて、日本騒音制御工学会の後藤　剏によれば、日本における騒音訴訟第1号は、精米用発動機騒音事件（大分地裁、年月日不明）であると述べており、その事件概要と判決について、次のように紹介している。

同事件は、精米用発動機が大正元年12月、稼働開始、隣家では住居の安静を害されることを訴因として運転停止を請求した。判決内容は、発動機のシャフトの取り付けに瑕疵があり、このような不備な機械を使用することは隣接者の権利を甚だしく無視するものであり、権利濫用　不法行為を構成する。しかし、瑕疵修補で充分であり、停止まで求めるのは必要の程度を超えている。よって請求を却下するというものであったという（後藤, 1981）。

同裁判例は、野田愛子が掲載した「騒音・振動判例における法的論点の推移」の論文のなかの騒音・振動に関する裁判例一覧表にも記載してある。その内容によれば、整理番号は〔1〕。裁判日は、大分地判年月日不詳。騒音源は、精米業の米つき用ガス発動機の運転。被害の態様は、機械取り付け不完全に基因する騒音振動のため、木造の壁一重で隣接の住居は居住に堪えないと記載している（野田, 1968）。

野田と後藤が紹介している日本における騒音訴訟第1号の精米用発動機騒音事件（大分地裁、年月日不明）判決は、法的根拠を権利濫用と不法行為に求め、騒音振動により安静を害されたとする損害は認定したが、発動機の運転停止の差止めは、発動機の修理で足りるとして請求を却下した。当時は、違法性の根拠として、被告の精米業を営むことに対する権利濫用を適用したことが特徴点として指摘できる。

2-2　受忍限度論の研究

　野田愛子によれば、受忍の限界の基準を定める際に問題となる事柄として、①騒音の性質、②騒音の心身に及ぼす影響、③行政的取り締まり法規の定める基準、④四囲の環境、地域の特殊性、⑤企業の種類・性質、⑥被害者の職業・感受性、⑦加害者と被害者の利益の均衡などが一応考えられようと指摘し、上述した⑦については、騒音問題の本質的なものは、住民に平安に生活する権利と商工業の経営を継続する権利との衝突にある。従って、騒音の被害者と加害者、両者の利益の均衡を図ることが、騒音について受忍を決定する場合の最も重要な問題点と考えられる。この場合、加害者側と被害者側の一切の事情が一切の事情が比較考量されるべきである。そして、ここで考えられる事情としては、（イ）工場の操業開始前、既に被害者が近隣に住んでいたか、（ロ）加害者側で防音設備を十分していたかどうか、（ハ）被害者も加害者から何らかの利益を得たか、（ニ）被害者の態度などがここで考えられる事情であると主張している（野田, 1964）。

　野田は、受忍の限度の具体的基準について7項目を示した。さらに、騒音問題の本質的なものは、被害者側の平安に生活する権利と、加害者側の経営を継続する権利との衝突にある。受忍限度決定にあたっては、騒音の被害者と加害者との両者の利益の均衡を図ることが、最も重要な問題点であると述べた。このような野田の主張は、工場等の経営者と個人の関係について論じたものであるが、個人間の争い、たとえばいわゆるピアノ騒音トラブルの例でいえば、加害者側からすれば、自宅でピアノを自由にひく権利があり、被害者側にとっては、わずらわしいと感じるピアノの音が聞こえない静かな生活を送る権利とがあるというお互いの権利がぶつかる問題になることを意味しているといえる。上述した⑦の考えられる事情として掲げていた（ロ）加害者側で防音設備を十分していたかという点は、加害者が騒音の軽減措置をとったかどうかを判断する上で注目されるものと考える。

第6章 近隣騒音の受忍義務 —重要な要素は何か—

　他方、受忍限度について、加害者が企業の場合、どのようなことが基準とされるのかという点について論じているのが松本　博教授である。同教授は、相隣関係について、通常は、相隣関係における騒音による加害の内容は同程度であろう。こうしたお互い様の状況にあるからこそ、相手方の行為を受忍するかわりに、当方の行為も受忍してもらうことになる。この相方的な受忍のバランスが崩れ、かつその程度が著しく大きい場合に、相手方に対する法的責任問題が生ずることになる。事業騒音などについては、お互い様の理屈は成り立たない。事業主体の行為が公共性・公益性を帯びたときに初めて一定範囲での受忍が許されるべきであるという論理が成り立つと論じ、結論として、受忍を強いる側が企業であり、利潤追求を目的としても、その行為が公益性を帯びているのであれば、差し止めは困難であろう。しかし、意図しない受忍を強いられる被害者側には十分なケアが必要であると述べている（松本, 2013）。
　松本教授は、騒音を生活騒音と事業騒音に分けて説明し、生活騒音の場合には、いわゆるお互い様という相隣関係が前提となるが、事業騒音の場合は、この相隣関係は該当しない。企業が出す騒音が受忍の範囲内であると判断されるのは、公共性・公益性という基準に該当する場合であると指摘している。公共性・公益性については、現在の裁判において、受忍限度の基準の1つになっていることを理解しておく必要がある。

　第2節では、騒音の先行研究として、第一に、裁判で争われた論点に関するもの、第二に、受忍限度論の研究について概観した。前述の第一は、騒音問題として日本で初めて大審院判決があったものと、騒音関係の上告審では二番目となる最高裁判決を比較し、その結果大正時代当時は、騒音よりも振動が問題になっていたこと、昭和42年当時最高裁として初めて受忍限度論をもって違法性を判断したことが注目される。
　第二は、野田が、受忍限度の具体的な基準として7項目を提示し、その中の「加害者と被害者の利益の均衡」で、考えられる事情として示し

た「加害者側で防音設備を十分していたかどうか」は押さえておく必要があることを述べた。

3　問題提起

第3節では、本研究に関係する問題提起をしてみたい。第一は、環境基準より高い騒音であれば責任を問えるか。第二は、騒音のあることを承知して入居した場合、損害賠償を請求できるかという点である。第一の点は騒音測定の結果、環境基準よりも高い騒音であっても必ずしも損害賠償責任を問えるとはいえない。しかし、規制基準より高い場合は、違法性の判断に影響を及ぼすことがある。

第二の点は、騒音のあることを認識してその場所へ入居した場合は、一般的に損害賠償は認められない。ただし、その騒音の程度が転入当時よりかなり大きくなった場合など特別な事由があれば、損害請求を認められる場合があることを述べる。

3-1　環境基準より高い騒音であれば責任を問えるか

問題提起の第一について考えていきたい。騒音については、各種法令によって騒音の種別ごとに一定の基準が示されている。環境基準とは、環境基本法第16条に「生活環境を保全し、人の健康の保護に資する上で維持されることが望ましい基準」と説明されている。ちなみに、主として、住居の用に供される地域における環境基準は、昼間55デシベル以下、夜間45デシベル以下と規定されている。言い換えれば騒音測定の結果、その基準を超えた場合に損害賠償を問えるかということである。

この問題については、騒音測定の結果、環境基準よりも高い騒音であっても必ずしも損害賠償責任を問えるとはいえない。しかし、規制基準より高い場合は、違法性の判断に影響を及ぼすことがある。日本騒音制御工学会の末岡伸一（2018）によれば「環境基準は、どの程度の環境濃度などを目標とするかを定めたもので環境対策を総合的に実施する上

第6章　近隣騒音の受忍義務 —重要な要素は何か—

での行政上の目標とされている。」(p.68) と述べている。また、法学博士の亀井隆太 (2020) は、「騒音の受忍限度判断において一定の基準となりうる (基準を超えたからといって直ちに違法となるものではない) また、地方自治体に騒音の基準にかかる条例が制定されている場合には、条例の基準が受忍限度の判断に酌量されるべきである。」(p.64) と論述している。

他方、本研究で取り上げた「保育園騒音事件」の控訴審 (大阪高裁H29.7.18) において「環境基準は、行政施策を講じる上での目標値であって人にとっての最大許容限度や受忍限度を定めたものとは異なるから、騒音による侵害の程度などを検討する際の評価基準の1つと考えることはできるが、これを超える騒音が、直ちに受忍限度を超える騒音になると評価すべきではない。」[注3]と判示している。

上述した末岡と亀井両者の主張および、同判決からも環境基準は、行政上の目標値であり、これを超えるからと言って直ちに受忍限度を超えた違法なものとはいえない。環境基準を超えた騒音は、騒音による侵害の程度を検討する場合の1つの評価基準になると説明される。

3-2　騒音のあることを承知して入居した場合、損害賠償を請求できるか

次に、問題提起の第二について確認してみたい。結論から言うと、騒音のあることを認識してその場所へ入居した場合は、一般的に損害賠償は認められない。ただし、その騒音の程度が転入当時よりかなり大きくなった場合など特別な事由があれば、損害請求を認められる場合がある。

この問題には、いわゆる「危険への接近の理論」が関係する。危険への接近について、元判事の村重慶一 (1976) は、「一般に、騒音による被害を熟知しながら転入した者は、既に存在する危険をすすんで引き受けたものとして損害賠償は認められない。」(p.31) と述べている。危険への接近の理論とは、自らの意志で危険に近づいた者は、損害賠償を受ける

ことはできないと解される。他方、後藤 𣳾は、「大阪空港公害訴訟事件」について、第一審判決は、空港騒音が激化した後の転入者については、損害賠償を棄却したが、第二審では、公害の実情は居住して初めて体得できるもので、住民側が特に公害問題を利用する意図で接近した場合でない限り、危険への接近の理論は適用がないとした。しかし、最高裁は、転入時に騒音の存在やその事情を全く知らなかったというのは信じがたいとして原審に差し戻したと述べている。そして、航空機騒音の厳しい地区が指定されれば、当然区内の不動産の交換価値は低減せざるを得ない。したがって、指定後、ここに転入した者は、割安な土地を取得したはずであり、それだけの利益を得ていると論じている（後藤, 1987）。彼は、航空騒音が問題とされた同事件について、第一審から上告審までの判断を通覧し、危険への接近理論を適用した経緯を説明している。同理論を適用して、危険を知りそれによって利益を得たと指摘していることは押さえておく必要があろう。

　同訴訟事件の上告審判決（最高裁 H56.12.16）は、「同被上告人が航空機騒音の存在について認識を有しながらそれによる被害を容認して居住したものであり、かつ、その被害が騒音による精神的苦痛ないし、生活妨害のごときもので直接生命、身体にかかわるものでない場合においては、（中略）同被上告人の入居後に実際に被った被害の程度が入居の際、同被上告人がその存在を認識した騒音から推測される被害の程度を超えるものであったとか、入居後に騒音の程度が格段に増大したとかいうような特別の事情が認められない限り、その被害は、同被上告人において受忍すべきというべく、右被害を理由としての慰謝料の請求をすることは許されない」と判示した。[注4] 同判決は、騒音によって損害を受けたと主張した被上告人の損害賠償請求を否定したが、危険への接近の免責についても判断した内容といえる。

　第3節では、本研究に関係する問題提起として第一に、環境基準より

高い騒音であれば責任を問えるか。第二は、騒音があることを承知して入居した場合は、損害賠償を請求できるかという点について議論した。前述第一の点については、環境基準よりも高い騒音であっても必ずしも損害賠償を問えるとはいえない。しかし、環境基準を超えた場合は、違法性の判断に影響を及ぼすことがあることを述べた。

第二の点は、騒音のあることを認識していて入居した場合は、一般的に損害賠償は認められない。ただし、騒音の程度が転入当時よりもかなり大きくなった場合など特別の事情があれば認められることがあることについて説明した。

4　騒音と近隣騒音、騒音苦情の状況

第4節は、騒音と近隣騒音と、騒音苦情の状況について確認してみたい。前者は、久我によれば、「近隣騒音については、語義上は一般騒音に含まれ、また生活騒音を含むもので、生活騒音に加えてさらに住宅地周辺で生じやすい騒音」と主張していること。環境庁のいう「一般家庭のピアノやクーラーなどから出る音、飲食店などの営業に伴う音、物売りの拡声器の音などのいわゆる近隣騒音」という資料内容を踏まえて、本論では、近隣騒音とは、隣近所からの生活騒音や住宅地周辺から伝わる営業や作業などの騒音と解することを述べる。

後者は、環境省の「年度別の騒音苦情件数」によれば、2022年度の騒音に係る苦情件数は、前年度に比べて736件（前年度比3.7%）増加した。他方、環境省がまとめた騒音苦情のデータから2022年度の近隣騒音の苦情は、約4,000件、苦情件数全体の約20%を占めることを紹介する。

4-1　騒音と近隣騒音

騒音用語辞典によれば、騒音：noise, unwanted sound, undesirable sound, ないほうが良い音あるいは、好ましくない音、一般的には、(1) 生理的障害を起こす音、(2) 概して大きい音、(3) 音色の不快な音、(4) 会話など

を妨害する音、(5) 能力を低下させる音、(6) 休養や安眠などを妨害する音、(7) 機械などの出すべからざる音のような音と説明している。[注5] 本論において、騒音とは、うるさいなどと感じる不快な音と理解したい。

　「一般騒音」、「生活騒音」、「近隣騒音」について明確な定義はない。環境工学の久我新一は、それら3つの騒音ついて次のように説明している。「一般騒音」は、法律などで特定されていない騒音全般をいうもので、法律など一律に規制しがたい多面性や突発性や局地性を持つもの。「生活騒音」は、その語感から住居内外の生活行為に伴う騒音の意味と理解される。たとえば、①話し声・歌声、②テレビ・ラジオ・ステレオなどの聴取、③楽器の演奏、④冷蔵庫・換気設備、⑤家事用機械（掃除機・洗濯機・家庭用工作機等）、⑥自動車設備、⑦足音、とびまわりの音、⑧子供の遊び、⑨ペット、家畜、⑩給排水の音、⑪扉や建具の開け閉め等の騒音を含むもの。「近隣騒音」については、語義上は一般騒音に含まれ、また生活騒音を含むもので、生活騒音に加えてさらに住宅地周辺で生じやすい騒音として例えば、①ちり紙交換、産地直送販売、早朝深夜の配達など移動営業行為、②商店・飲食店など固定営業施設と顧客の出入り、③作業機械など固定作業施設と顧客の出入り、④駐車場、⑤街頭放送・宣伝、⑥子供の遊び場、⑦保育園、学校、⑧音楽、演劇・武道などの練習場、⑨集会・行事、⑩宗教などに伴う音が含まれる。すなわち、生活騒音のほかに営業性やグループ性の強い行為が含まれる（久我，1981）。

　他方、環境庁は、昭和58年9日付の「生活騒音の現状と今後の課題」の資料の中で、「一般家庭のピアノやクーラーなどから出る音、飲食店などの営業に伴う音、物売りの拡声器の音などのいわゆる近隣騒音に関する苦情……」と説明している。[注6]

　久我の主張と環境庁の資料内容を踏まえて、近隣騒音とは、隣近所からの生活騒音や住宅地周辺から伝わる営業や作業などの騒音と解する。

4-2　騒音苦情の状況

環境省では、都道府県からの報告に基づき毎年度における騒音に係る苦情の件数を取りまとめている。その資料から過去5年間の騒音苦情件数をみると、2018年度は、16,165件・2019年度は、15,726件・2020年度は、20,804件・2021年度は、19,700件・2022年度は、20,436件である。（図1.「年度別の騒音苦情件数」参照）

図1.　年度別の騒音苦情件数

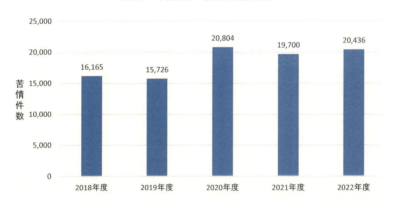

環境省「年度別騒音規制法等施行状況調査の結果について」を基に筆者作成

2022年度の騒音に係る苦情件数は、前年度に比べて736件（前年度比3.7%）増加した。同年の苦情の内訳は、建設作業が最も多く7,736件（全体の37.9%）、工場・事業場が5,236件（同25.6%）、営業が1,946件（同9.8%）、電気機器などの家庭生活は、1,339件（同6.8%）、商業宣伝などの拡声器は、331件（同1.6%）、アイドリング空ぶかし音365件（同1.8%）などである。

近隣騒音に該当すると認められる営業・家庭生活・拡声器・アイドリング空ぶかし音を合計すると、4,041件（同19.7%）である。このことから、同内容は、発生源の種別の区分が独自の解釈で集計されたものの、環境省がまとめた騒音苦情のデーターから2022年度の近隣騒音の苦情は、約4,000件、苦情件数全体の約20%を占めることがわかる。[注7]

第4節では、騒音と近隣騒音と、騒音苦情の状況を確認した。前者は、本稿において、騒音とは、うるさいなどと感じる不快な音、近隣騒音とは、隣近所からの生活騒音や住宅周辺から伝わる営業や作業などの騒音と解することを述べた。

　後者は、環境省が毎年度まとめている騒音苦情のデータから、2022年度の騒音に係る苦情件数は、20,436件であり、前年度に比べて736件（前年度比3.7％）増加したこと、同年度の近隣騒音苦情は、約4,000件、苦情件数全体の約20％を占めていることを紹介した。

5　近隣騒音に関係する関係法令と受忍限度論

　第5節は、近隣騒音に関する関係法令と、受忍限度論について議論してみたい。前者は、近隣騒音に関係する法令の主なものとして、①環境基本法、②騒音規制法、③騒音防止条例、④軽犯罪法が挙げられこと、いわゆる環境基準は、地域の類型及び時間の区分ごとに基準値が定められているが、専ら住宅の用に供される地域及び、主として住宅の用に供される地域は、昼間は、55デシベル以下、夜間45デシベル以下と基準値が示されていること、さらに、松岡によれば、明治初期の騒音規制として違式詿違條例（いしきかいいじょうれい）が定められたと述べておりその内容を確認したことを述べる。

　後者は、前述の先行研究でも議論したが、ここでは近年の裁判例と学説を紹介しながら受忍限度の概念などについて再確認してみたい。受忍限度とは、井上によれば、通常の合理人ならば、社会共同生活を営む上で当然甘受するであろう限度のことで、多くの要素を検討してそれらの比較衡量の上で判断されると説明していること。他方、「大坂空港公害訴訟事件」において（最高裁S56.12.16）は、受忍限度を超えるものかの判断は、侵害行為の態様と程度など全体的な総合考察を必要とするなどと判示したことを紹介する。そして、騒音などの違法性は様々な事情を考慮して被害が一般社会生活上受忍すべき程度を超えるものかどうかを

第 6 章　近隣騒音の受忍義務 ―重要な要素は何か―

もって決せられることを論じる。

5-1　近隣騒音に関する関係法令

　近隣騒音に関係する法令の主なものは、①環境基本法、②騒音規制法、③騒音防止条例、④軽犯罪法が挙げられる。①環境基本法は、1967 年に制定された公害対策基本法が廃止となり、1993 年 11 月制定されたものである。同法は、環境保全についての基本理念を定め、国、地方公共団体、事業者及び国民の責務を明らかにするとともに、環境保全に関する施策に基本となる事項を定めている。同法 16 条には「政府は、大気の汚染、水質の汚濁、土壌の汚染、及び騒音に係る環境上の条件についてそれぞれ、人の健康を保護し及び生活環境を保全する上で維持されることが望ましい基準を定めることとする」と規定している。この規定に基づき 1998 年 4 月、環境省から「騒音に係る環境基準について」が告示され、騒音に係る環境上の条件について生活環境を保全し、人の健康の保護に資する上で維持されることが望ましい基準（以下「環境基準」という。）が示されている。（図 2.「環境基準」参照）

図2.　環境基準

地域の類型	基準値	
	昼間（6:00～22:00）	夜間（22:00～6:00）
AA:　特に静穏を要する地域	50デシベル以下	40デシベル以下
A:　専ら住居の用に供される地域及び、 B:　主として住居の用に供される地域	55デシベル以下	45デシベル以下
C:　住居と商工業併用地域	60デシベル以下	50デシベル以下

『ベーシック環境六法　九訂』　第一法規　2020,4　を基に筆者作成

　環境基準は、地域の類型及び時間の区分ごとに次表の基準値の欄に掲げるとおりとし、各類型を当てはめる地域は、都道府県知事が指定すると定めている。
　道路に面する地域と、幹線交通を担う道路に接近する空間においては、上記表によらず別に基準値が定められている。[注8]

②騒音規制法は、1968年6月に制定されたものであり、工場及び事業場における事業活動並びに、建設工事に伴って発生する相当範囲にわたる騒音と、自動車騒音に係る許容限度を定めている。同法28条は、深夜騒音などの規制として、飲食店営業等に係る深夜における騒音、拡声器を使用する放送に係る騒音の規制について、地方公共団体が必要あると認めるときは、営業時間を制限すること等により必要な措置を講ずるようにしなければならない旨定めている。^{注9)}

　③騒音防止条例は、地域住民の平穏を保つこと等のため、上述した環境基本法を受けて規定されている。環境基準を適用する地域を指定し、騒音規制法を基に騒音規制を行う地域の指定、深夜営業時間の制限など必要な事項を定めている。末岡伸一（2018）によれば、「法令事項以外については、同然ながら条例により措置をされるべきものです。これについては、①法律を補完するものとしての工場事業場騒音・建設作業騒音の規制、②全国的に条例で実施されている拡声器騒音・音響騒音・深夜営業騒音の規制、③条例独自の騒音規制に大別できます。」(p.72) と述べている。

　④軽犯罪法は、第1条第1項第14号に「公務員の静止を聞かずに、人声、楽器、ラジオなどの音を異常に大きく出して静穏を害し、近隣に迷惑をかけた者は、拘留又は科料に処する」と規定している。明治の騒音規制について末岡は、明治5年11月付で違式詿違條例を定め、11月8日の東京府布達をもって施行させ、順次地方においても同様の違式詿違條例を施行した。違式、詿違とは、現代の我々には、見慣れない漢字ですが、それぞれおきてに従うこと、誤って間違ったことをすることの意味であり、江戸時代の市中取締令を受け継いだと思われます。違式と詿違はそれぞれ有意と無意違いであると解説されています。明治11年に騒音に係る規定が全国で初めて東京において追加されました。これが近代的な意味での法令による最初の騒音規制と思われ、夜間12時以降の静穏維持を求めるという極めて具体的な規定となっていましたと論述している

(末岡, 2018)。明治初期において、騒音が生活上の問題になっており、騒音を規制する法令として現在の前身といえるものができていたことは興味深い。

5-2 受忍限度論

民法709条（不法行為による損害賠償）には、「故意又は過失によって他人の権利又は法律上保護される利益を侵害した者は、これによって生じた損害を賠償する責任を負う」と規定している。この不法行為の違法性は、騒音などの生活妨害事案については、受忍限度論で判断されている。東京高裁の判事、井上繁規（2005）は、受忍限度について「通常の合理人ならば、社会共同生活を営む上で当然甘受するであろう限度のことであり、多くの要素を検討してそれらの比較衡量の上で判断される要件である。」(p.9) と述べ、さらに「受忍限度は、生活妨害や公害をめぐる様々な類型の訴訟において、違法性の有無を判断するための基準として多くの裁判例において採用されてきた実績を有する。」(p.14) と論述している。

他方、亀井隆太（2020）は、受忍限度について「騒音などによる生活環境妨害の事例では、受忍限度の範囲内である場合には、違法性が否定され、不法行為とはならないという受忍限度論が判例・通説とも定着している。受忍限度は、利益衡量論に依存するもので、環境民事訴訟（損害賠償・差止）における違法性の成否を考えるための理論として機能してきた。」(p.63) と論じている。したがって、受忍限度とは、一般通常人ならば社会共同生活を営む上で当然甘受すべき限度である。受忍限度は、騒音などに関する訴訟において争点となるものであり、騒音が受忍の範囲を超えた場合は、違法性があると判断される。

「大阪空港公害訴訟事件」（最高裁 S56.12.16）は、「いわゆる受忍限度を超えるものかどうかによって決せられるべく、これを決するについては、侵害行為の態様と程度、被侵害利益の性質と内容、侵害行為の公共

性の内容と程度、被害の防止又は軽減のため加害者が講じた措置の内容と程度についての全体的な総合考察を必要とするものである。」と判示した。[注10)]この内容は、受忍限度を判断する重要な基準となった。

他方、「工場の騒音事件」(最高裁 H6.3.24) は、「工場等の操業に伴う騒音、粉じんによる被害が、第三者に対する関係において、違法な権利侵害になるかどうかは、侵害行為の態様、侵害の程度、被侵害利益の性質と内容、当該工場等の所在地の地域環境、侵害行為の開始とその後の継続の経緯及び状況、その間に採られた被害の防止に関する措置の有無及びその内容、効果などの諸般の事情を総合的に考察して、被害が一般社会生活上受忍すべき程度をこえるものかどうかによって決すべきである。」と判示した。[注11)]同判決によって、騒音などによる侵害行為の違法性は、様々な事情を総合して考察し、被害が一般社会生活上受忍すべき程度を超えるものか否かをもって決せられるという受忍限度論が確立されたといえる。

第5節は、近隣騒音に関する関係法令と、受忍限度論について議論した。前者は、近隣騒音に関係する法令の主なものとして、①環境基本法、②騒音規制法、③騒音防止条例、④軽犯罪法について内容を確認した。いわゆる環境基準は、地域の類型及び時間の区分ごとに基準値が定められていること、専ら住宅の用に供される地域及び、主として住宅の用に供される地域は、昼間は、55デシベル以下、夜間45デシベル以下と基準値が示されていること、さらに、松岡によれば、明治初期の騒音規制として違式詿違條例(いしきかいいじょうれい)が定められたと述べておりその内容を紹介した。

後者は、前述の先行研究でも議論したが、ここでは近年の学説と裁判例について紹介し、受忍限度の概念などについて再確認した。井上によれば、受忍限度とは、通常の合理人ならば、社会共同生活を営む上で当然甘受するであろう限度のことで、多くの要素を検討してそれらの比較衡量の上で判断されること。「大坂空港公害訴訟事件」において(最高裁

S56.12.16) は、受忍限度を超えるものかの判断は、侵害行為の態様と程度など全体的な総合考察を必要とするなどと判示したことを紹介し、このように騒音などの違法性は様々な事情を考慮して被害が一般社会生活上受忍すべき程度を超えるものかどうかをもって決せられることを述べた。

6 近隣騒音の特徴と子供の声と騒音

　第 6 節では、第一に、近隣騒音の特徴と、第二に近年問題になっている子供の声と騒音について考える。第一は、宮城道雄は、昭和 11 年当時作成した、口述筆記の著書『騒音』の中で「かつて近所で普請(ふしん)があり、地ならしをしたとき、その地響きの為、一日中、落ち着かず、仕事ができなかった、所(ところ)が、自分の家の地ならしをした時は、もう少し、大きくやって呉(く)れなければ、あんなことで、良いのかと思った。自分ながら、勝手なものだと思った。」と記述していることを紹介し、騒音とは主観的なものであることを述べる。

　第二は、社会問題化している子供の声と騒音の議論である。ここでは、ドイツで子供の声を特権化(騒音ではないなどと)した「連邦イミシオン防止法」について紹介し、渡邉によれば、2011 年 5 月 26 日、同法を改正するための法律案として乳幼児・児童保育施設及び児童遊戯施設から発生する子供の騒音への特権付与を可決したこと、他方、東京都は、2015 年 3 月、いわゆる「環境確保条例」を一部改正し、保育所その他の場所から発せられる子供の声などについて、日常生活等に係る騒音の規制基準値を適用しないこととした内容について確認する。本論では、子供の声は、騒音とは区別すべきであると主張することを述べる。なぜならば、子供の声は、健全に成長していく過程において自然なかたちで発せられるものであり、子供の権利としても尊重されるべきものであると考えるからである。

6-1　近隣騒音の特徴

　空港の滑走路近くで離着陸する航空機の大きな音を聞いた場合、それを不快な騒音と認識する人は多いであろう。しかし、例えば近所の防災無線放送から時折聞こえる音を不快な騒音だと受け止める人がいれば、騒音とは認識しない人もいる。また、同じ防災無線放送の音でも昼間は気にならないが、深夜の場合は、睡眠を妨げられて騒音と認識する人もいる。このように音を騒音と認定するのはなかなか難しい問題である。

　宮城道雄は、「春の海」などを作曲した作曲者であり箏曲家でもあるが、幼少期に視力を失い、昭和11年、口述筆記により『騒音』と題する書作を残している。宮城道雄（1936）は、「私は此の春、自宅の中に箏の練習所を作った。私は初めて普請ということをして感じたのである。かつて私の家の近所で普請があって、地ならしをしたとき、その地響きが私の家の障子やガラスに響いて、私はその日一日中、落ち着かず、家の中をあちこち歩き廻って、仕事ができなかった。所が、自分の家の地ならしをした時は、何だか、その音がこたへなかったやうに思われ、もう少し、大きくやって呉れなければ、あんなことで、良いのかと思った。そして、ヅシンヅシンと響く音を聞いて、独り愉快になったことがあるが、そんなことを考えて、自分ながら、勝手なものだと思った。」(p.5) と記述している。この本は、1936年、初版されたものである。宮城は、近所で建築工事があったときは地響きで落ち着かず仕事ができなかたが、自分の家の工事で地ならしをした時は、その音が気にならなかった。むしろ、もっとやってほしいと思った。このような体験をして人は自分かってなものだと感じたという。この文面から騒音の本質的なものが窺える。

　同じような建設工事の音を、近隣から聞こえる音は騒音として不快であるが、自分から出す音は、騒音とは感じない。これはすなわち、騒音とは、主観的なものであるといえる。目が見えないという障害があるものにとって音は唯一、社会の中で生活する上で頼りになる感覚であろう。目に障害を持つがゆえに鋭い音の感覚を身に着けていた宮城が、昭和初

期当時の日常生活のなかでこの点を指摘していることは注目に値する。

6-2　子供の声と騒音

　子供の声は、マンションの階下に居住する住民や、保育園や幼稚園などの近くの住民からうるさいと苦情があってトラブルや訴訟になることがある。本研究で取り上げた2つの事件も子供の声に関係する事案である。そこで、子供の声と騒音について考えてみたい。

　読売新聞社が2016年、全国の主要な146自治体を対象に実施した調査では、109自治体が保育施設で、こどもが出す音や声について「うるさい」との苦情を受けており、建設計画の中止や延期が相次いでいたという。[注12]

　ジャン・シャザルは、子供の権利という著書で、「子供の権利は、実は子供がもっている次のようなさまざまの要求の法的承認に他ならないとして、①物質的、生物学的要求、②安全と愛情に対する生命的情緒的要求、③理解されたいという情緒的であると同時に知的な要求、④成長の要求、外界発見の要求、自己主張の要求これらの要求によって青少年は正常な教育を受けている限り知的、道徳的、社会的発達へと次第に導かれていく。」と述べている（シャザル，1973）。子供の権利は、近年、世界的にも重視されている問題である。

　子供の騒音の特権化を内容とする「連邦イミシオン防止法」について論じているのは、渡邉斉志と石上敬子が挙げられる。渡邉によれば、ドイツの連邦議会は、2011年5月26日、「連邦イミシオン防止法」を改正するための法律案として乳幼児・児童保育施設及び児童遊戯施設から発生する子供の騒音への特権付与を可決した。同法6条1項には「子供の発する騒音は、自明な子供の成長の表現として。かつ子供の正常な発達の可能性を保護するため原則として社会的相当性があり、したがって受忍限度内である」と規定していると述べている（渡邉，2011）。

　一方、石上は、イミシオンとは、大気汚染や騒音などが環境に及ぼ

す影響のことである。具体的な目的として最も強調されるのは、児童保育施設等を訴訟リスクから遠ざけることであると論じている（石上,2017）。

　他方、東京都は、2015年3月、いわゆる「環境確保条例」の一部改正し、保育所その他の場所から発せられる子供の声などについて、日常生活等に係る騒音の規制基準値を適用しないこととした。[注13]「連邦イミシオン防止法」と、東京都のいわゆる「環境確保条例」に規定した主体の解釈について、前者は、児童とは、満14歳未満の者をいうと規定し、後者は、子供（6歳に達する日以後の最初の3月31日までの間にある者をいう）と定めている点について注意しておく必要がある。

　子供の声が騒音に当たるかどうかについて明確な裁判例は確認されていないが、本研究で取り上げた「保育園騒音事件」の控訴審で大阪高裁（H29.7.18）は、「園児が園庭で自由に声を出して遊び、保育者の指導を受けて学ぶことは、その健全な発達に不可欠であるとの指摘もでき、その面からすれば侵害行為の態様の反社会性は相当に低いといえる。」[注14]と判示している。これは、子供の声を単に騒音として判断すべきではないことを示唆しているものといえよう。本稿では、子供の声は、騒音とは区別すべきであると主張する。なぜならば、子供の声は、健全に成長していく過程において自然なかたちで発せられるものであり、子供の権利としても尊重されるべきものである。私たちの未来を担う子供たちを大人が愛情を持って見守り、自由にのびのびと育成していく環境を築くことは、社会全体として当然の役割と考えるからである。

　第6節では、近隣騒音の特徴と、子供の声と騒音について考えた。前者は、宮城道雄の普請を通じて感じたこととして、近所の普請の時は、落ち着かなかったが、自分の家の地ならしの時は気にならなかった。自分ながら勝手なものだと思ったと指摘したことを紹介し、騒音とは主観的なものであることを述べた。

後者は、最近問題になっている子供の声と騒音の議論である。ジャン・シャザルの著書から子供の権利について確認し、子供の騒音の特権化を内容とするドイツの「連邦イミシオン防止法」などを取り上げた。本論では、子供の声は、騒音とは区別すべきであると主張した。子供の声は、健全に成長していく過程で自然に発せられるものであり、子供たちを大人が愛情をもって見守り、子供が自由にのびのびと育つ環境を築くことは社会全体の役割であると考えるからである。

7　2つの裁判例

第7節は、本研究で取り上げた2つの裁判例について、第一に、選定した基準と、第二にその事件の概要と裁判の流れについて紹介する。前述の第一は、近隣騒音の中から①企業などが経営する施設と私人間の訴訟事案であること、②子供の声に関係するものであること、③裁判が確定していることの三項目について述べる。

第二は、その選定により取り上げた「スポーツ施設騒音事件」と、「保育園騒音事件」の概要と裁判の流れについて紹介する。前者事件は、被告Yは、本件施設を建設した。同施設は、被告の経営する学校生徒の運動施設として使用されていた。原告Xら6人は、建物から発生する騒音により精神的苦痛を受けとして賠償訴訟を提起した。さいたま地裁は、原告XらのYに対する各請求を棄却した。その理由として本件騒音は、受忍限度内のものにとどまると判示した。

後者事件は、被告Yは、保育園を運営する社会福祉法人であるが、本件近隣に居住する原告Xら6人は、園庭で遊ぶ際に発する園児の声などの騒音により日常生活に支障をきたしたとして、賠償請求訴訟を提起した。第一審では、受忍すべき限度を超えているものとは認められないとして棄却した。原告はこれを不服として控訴した。

控訴審では、原判決は相当であり本件控訴は理由がないとして棄却した。控訴人は、この高裁判決を不服として最高裁に上告した。上告審の

最高裁は、上告の理由に該当しないとして棄却した。この結果、上記、高裁の判決が確定したことを紹介する。

7-1 裁判例の選定

受忍限度を判断する重要な要素は何かを探るため、近隣騒音に関する裁判例の中から
(1) 企業などが経営する施設と個人間の訴訟事案であること
(2) 子供の声に関係するものであること
(3) 裁判が確定していること
の3つの基準により選定したのは、平成24年の裁判で判断された「スポーツ施設騒音事件」と、平成29年に最高裁で確定した「保育園騒音事件」である。

7-2 「スポーツ施設騒音事件」

被告Yは、平成16年4月ころ、同施設の周囲に塩化ビニール製の透明な波板状の外壁を設置して本件施設を建設した。同施設は、被告の経営する学校の生徒（幼稚園から高等学校までの年齢に相当する子供が含まれる）の運動施設として使用されているほか、フットサル場として一般に有料で貸し出されている。平成18年10月当時の本件施設のフットサル場としての営業時間は、平日については、午後零時から午後10時まで、土曜日、日曜日及び祝祭日については、午前8時から午後10時までとされていた。

同施設近隣に居住する原告Xら6人は、Yが管理運営するスポーツセンターの建物から発生する騒音により精神的苦痛を受けたなどとして、Yに対して不法行為による損害賠償権に基づく慰謝料などの支払いを求めるとともに、人格権に基づき騒音の差し止め及び一定の時間帯（日曜日は、終日、それ以外の日は、午後8時から午前10時までの間）における同施設の使用禁止を求めた。[注15]

さいたま地裁（H24.2.20）は、原告XらのYに対する各請求をいずれも棄却した。その理由によれば、「被告が、本件訴え提起の前後を通じて、相応の費用を支出して防音工事を行い又は、行うことを提案した上、原告らが最も重視していた大会の開催を取りやめるなど、本件騒音の低減のために努力をしてきたこと、本件施設の周辺に居住する原告ら以外の住民は、被告に対して本件騒音に対する苦情を述べていないこと、本件施設が単なる営業目的の施設ではなく一定程度の社会的価値が認められることなどを総合的に考慮すると、本件騒音は、本件施設が建てられた当時から現在に至るまでを通じて受忍限度内のものにとどまるというべきである。」と判示した。[注16)]

7-3 「保育園騒音事件」

被告Yは、保育園を運営する社会福祉法人であるが、平成18年4月1日から開園した本件近隣に居住する原告Xら6人が本件保育園の園児が園庭で遊ぶ際に発する声などの騒音が受忍義務を超えており、日常生活に支障を来たし、精神被害を被っていると主張し、不法行為による損害賠償請求権に基づき、一部請求として慰謝料100万円などの支払いを求めるとともに人格権に基づき、本件保育園の敷地北側境界線上において本件保育園からの騒音が50デシベル以下になるような防音設備の設置を求めた事案である。[注17)]

第一審の神戸地裁は、「原告が本件保育園からの騒音により精神的・心理的不快を被っていることはうかがえるものの、原告宅で測定される本件保育園の園庭で遊戯する園児の声等の騒音レベルが、未だ社会生活上受忍すべき限度を超えているものとは認められず、不法行為を基礎づける程度の違法性があるということはできない」として棄却した。[注18)]

原告はこれを不服として控訴した。控訴審の大阪高裁（H29.7.18）は、「本件保育園から発生する騒音は、本件保育園開設当初から現在に至るまで、未だ一般社会生活上受忍すべき限度を超えているものとは評価で

きず、違法な権利侵害ないしは、利益侵害になるということはできない。これと同旨の原判決は相当であり本件控訴は理由がないからこれを棄却する。」と判示した。[注19]

控訴人は、この高裁判決を不服として最高裁に上告した。上告審の最高裁（H29.12.19）は、上告の理由に該当しないなどとしてこれを棄却した。[注20] この結果、上記、大阪高裁の判決が確定した。

第7節では、裁判例の選定基準と、その選定基準で取り上げた2つの騒音事件の概要と裁判の流れについて紹介した。前者の選定基準は、①企業と私人間の訴訟事件であること、②子供の声に関するもの、③裁判が確定しているものとしたことを述べた。後者の「スポーツ施設騒音事件」は、学校生徒などが利用する運動施設側が、近隣の住民から同施設からの騒音により精神的苦痛を受けたとして訴訟を提起されたものである。埼玉地裁は、騒音は受忍限度内にとどまると判断した。

他方、「保育園騒音事件」は、保育園を運営する社会福祉法人が近隣居住者から園庭で遊ぶ子供の声の騒音などで精神的被害を被ったとして損害賠償を請求されたものである。第一審は、受忍限度を超えていないと判断し、控訴審でも原審を支持した。同事件は最終的には、最高裁で棄却され控訴審の判断が確定したことを紹介した。

8　2つの裁判例の分析と、事前と事後の損害回避措置

第8節は、第一、2つの裁判例の分析結果と、第二、事前と事後の損害回避措置について考えていきたい。前述の第一は、受忍限度を超えるか否かを判断する重要なものは何かを探るため、分析基準として第一に、騒音の発生源は何か、第二に、騒音の程度はどうか、第三に、加害者側の損害回避措置はどうかを設定して「スポーツ施設騒音事件」と、「保育園騒音事件」に当てはめ分析した。その結果、両事件は、被告が様々な騒音低減措置を行い、誠実に対応したことを重視してそれが裁判の結果に深

く影響したと認められた。したがって、近隣騒音において、受忍限度を判断する重要な要素は、加害者側の損害回避措置であると結論づけられたことを論述する。

第二は、加害者の損害回避措置には、事前と事後に区分される。事前の回避措置は、被害者から苦情が提起される前に対処する措置である。他方、事後の回避措置は、被害者から苦情があった後や、訴訟提起後に対応する措置である。事前と事後の回避措置は、騒音対策において有効であるが、特に事前の回避措置は、騒音トラブルの未然防止を図るため重要であることを述べる。

8-1　2つの裁判例の分析

受忍限度を超えるか否かを判断する重要なものは何かを探るため、前述の「工場の騒音事件」（最高裁 H6.3.24）が示した受忍限度の解釈を基に、分析基準として第一に、騒音の発生源は何か、第二に、騒音の程度はどうか、第三に、加害者側の損害回避措置はどうかを設定して「スポーツ施設騒音事件」と、「保育園騒音事件」に当てはめ分析した。

前者事件について、第一は、運動場で園児や学校生徒が運動する声やフットサルでプレーする声などである。第二は、昼間の環境基準55デシベルを2ないし3デシベル超える程度であった。裁判所は、「環境基準の指針である等価騒音レベルは、いわゆる音の平均値的な数値といえ、平均値を2ないし3デシベル低減したとしても、人間の感覚的にはそれほど効果を実感できないかもしれない」と判示した。[注21]

後者事件について、第一は、保育園の施設内と園庭で遊戯する児童らの声である。第二は、控訴審において、「園児が園庭で遊んでいる時間帯における屋外での等価騒音レベルは57.43dBであるが、これは一般に注意力の低下などの心身に影響が生じるとされる屋内における騒音レベル60dBに達していないし、行政の目標値である環境基準55dB（屋内での会話に影響が生じる騒音レベル45d以下を目標とする）との差もわずか

である。」と判示している。[注22] これらのことから、分析基準第一と、第二は、いずれも裁判において検討されたものの、受忍限度を判断する上で重要なものであったかということには疑問が残った。

　そこで、第三に注目してみたい。前者事件についてさいたま地裁は、「被告は、本件裁判について、本件訴え提起までの間に、数百万円の費用を支出して、壁の取り付け、壁の内側へのネット張り、壁と床の間や柱へのスポンジ張りなどの防音対策をとった。また、被告は、本件訴訟においても結果的に費用負担などの点で折り合いがつかず実現しなかったものの、相応の負担をして防音シート等を設置する旨の提案したほか、収入の減少につながり大きな痛手であったにもかかわらず大きな大会の開催を取りやめた。さらに、本件施設の使用終了時間を10分繰り上げ、本件施設の内外に大声を出さないように注意する看板も設置した」と判示し、「被告が本件騒音低減のために相応の費用を支出して努力してきたことは、受忍限度の判断に際して考慮されるべきである。」と判断した。[注23] 同判断は、被告が訴えの前後を通じて採ってきた騒音低減の措置を重視したものといえる。

　後者事件については、第一審の神戸地裁は、「被告は、本件保育園の設置に際し、本件保育園の近隣住民に対する説明会を１年ほどかけて行い、その間、本件保育園から生じる騒音の問題に係る原告を含めた近隣住民からの質問・要望等に対して検討を重ね、既設の保育園で測定した騒音結果から本件保育園の騒音の推定値を算出した上で、遮音性能を有する防音壁を設置し、一部の近隣住民に対して被告の負担において二重サッシに取り換えることを提案・合意するなどして防音対策を講じるよう努めてきた。」と判示した。[注24] 他方、控訴審の大阪高裁は、「被告は、控訴人との間でも、合意に至らなかったが、騒音対策について何度も折衝を行っているのであって、この間の経緯について、控訴人が特に不誠実であったと指摘できる事情は見当たらない」。と判断した。[注25]

　両事件は、被告が様々な騒音低減措置を行い、誠実に対応したことを

重視してそれが裁判の結果に深く影響したと認められる。以上のことから近隣騒音において、受忍限度を判断する重要な要素は、加害者側の損害回避措置であることが明らかになった。（図3.「受忍限度判断の重要な要素」参照）

図3．受忍限度判断の重要な要素

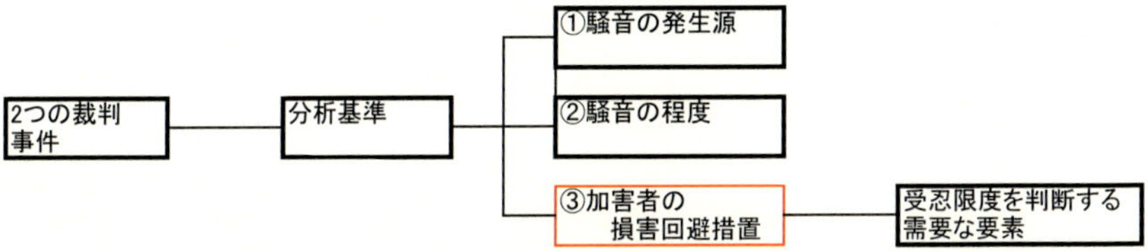

出所：筆者作成

8-2　事前と事後の損害回避措置

　加害者の損害回避措置には、事前と事後に区分される。事前の回避措置は、被害者から苦情が提起される前に対処する措置である。自宅を改築する際、数週間前に隣近所を訪問して「自宅を改築することになりました。工事の関係でご迷惑をおかけしますが、よろしくお願いします。」などと事前説明することや、本研究で取り上げた「保育園騒音事件」で紹介したように、被告が同保育園を設置する前に1年ほどかけて近隣住民に説明会を行い、騒音の推定値を算出して遮音性能を有する防音壁を設置するなどしたことが挙げられる。

　事後の回避措置は、被害者から苦情があった後や、訴訟提起後に対応する措置である。たとえば、駐車場を管理する企業が、駐車場に隣接する住宅の住民から「深夜、駐車場でトラックがバックで駐車する際に出る警告音がうるさいのでなんとかしてもらいたい。」という苦情の申し出があったとき、管理企業側からトラック運転者に対してバックで駐車しないように指導することや、本事例で取り上げた「スポーツ施設騒音

事件」において、訴え提起後、被告が運動施設の終了時間を10分繰り上げたことや、施設の内外の数か所に「大声を出さないで下さい。」などと記載した看板を設置したことが挙げられる。

　事前と事後の回避措置は、騒音対策において有効であるが、特に事前の回避措置は、騒音トラブルの未然防止を図るため重要といえよう。

　第8節では、「スポーツ施設騒音事件」、「保育園騒音事件」の2つの事件の分析結果と、事前と事後の損害回避措置にいて考察した。前者について、分析基準の①騒音の発生源は何か、②騒音の程度はどうか、③加害者側の損害回避措置はどうかという三点をそれらの事件に当てはめ分析した。さらに、前述の③に注目したところ、両事件は、被告側が様々な騒音低減措置を行い誠実に対応した。それが裁判に大きく影響したと認められたことから、受忍限度を判断する重要な要素は、加害者側の損害回避措置であることが明らかになった。

　後者は、加害者の損害回避措置には、事前と事後に区分されること。事前の回避措置は、被害者から苦情が提起される前に対処する措置であり、事後の回避措置は、被害者から苦情があった後や、訴訟提起後に対応する措置であることを説明した。特に、事前の回避措置は、騒音トラブルを避けることから重要であることを述べた。

9　結論

　第9節は、本研究を振り返ってまとめとして整理したい。本稿の目的は、近隣騒音の受忍限度を判断する重要な要素は何かを探求するものである。本研究方法は、2つの裁判例を選定して分析するという手法をとることとし、分析基準は、第一に、騒音の発生源は何か、第二に、騒音の程度はどうか、第三に、加害者の騒音回避措置はどうかという三点を定めたことを説明する。

　次に、その分析基準を2つの裁判例に当てはめた結果、前述の第一と

第二は、一定の判断がなされたものの重要な要素という点については疑問が残った。そこで、第三の点に注目したところ、2つの裁判事例は、いずれも被告が様々な騒音低減措置を行い、誠実に対応したことが裁判の結果に深く影響したことが確認された。したがって、近隣騒音の受忍限度を判断する重要な要素は、第三、「加害者側の損害回避措置」であると結論付けられたことを述べる。

9-1 本研究のまとめ

騒音問題は、近代産業がもたらしたものであると言われ、時代の進展に伴って深刻さの度合いを増してきている。とりわけ近隣騒音は、日々私たちが生活する中で最も身近な問題である。私たちの日常生活においても、近所からうるさい音がして困ったということを経験したことは、何度かあるのではないだろうか。騒音の違法性は、受忍限度によって判断されるというのが通説・判例であり、その基準は、様々な要素を基に総合的に考慮される。このような中で、近隣騒音の受忍限度を判断する重要な要素は何かを探るべく研究に着手した。

初めに近隣騒音に関する問題提起として①環境基準より高い騒音であれば責任をとれるか、②騒音があることを承知して入居した場合、損害賠償を請求できるかという点を挙げた。その結論となる説明は、前述の①は、環境基準は、行政上の目標値であり、これを超えるからと言って直ちに違法なものとはいえない。環境基準を超えた騒音は、侵害の程度を判断する場合の1つの評価基準になる。②については、騒音のあることを認識していてその場所へ入居した場合は、一般的に損害賠償は認められない。ただし、その騒音の程度が転入当時よりかなり大きくなった場合など特別な事由があれば、損害賠償を認められる場合があるといえる。

本研究方法は、2つの裁判例を選定して分析するというものである。選定した事件は、平成24年にさいたま地裁で判断された「スポーツ施設

騒音事件」と、平成29年に一審判決があり、最高裁まで争われた「保育園騒音事件」である。分析基準は、第一に、騒音の発生源は何か、第二に、騒音の程度はどうか、第三に、加害者の騒音回避措置はどうかという三点を定め、選定した2つに事件にあてはめて分析した。

　その結果、前述の第一と第二は、一定の判断がなされたものの重要な要素という点については疑問が残った。そこで、第三の点に注目したところ、2つの裁判事例は、いずれも被告が様々な騒音低減措置を行い、誠実に対応したことが裁判の結果に深く影響したと認められた。したがって、近隣騒音の受忍限度を判断する重要な要素は、第三、「加害者側の損害回避措置」であると結論付けられた。

　付言すると、「加害者側の騒音回避措置」は、事前と事後に分けられるが、特に前者すなわち、事前の騒音回避措置は、近隣騒音トラブルを未然に防止する観点から重要である。

第7章

「企業市民」の必要な要素は何か

―経営者・労働者・社会的ネットワークの視点から―

1　はじめに

　近年、社会情勢は一段とグローバル化、多様化しており今や日本国内だけの問題として企業を語ることはできない。一企業といえども、多くの他の企業や関係機関などと深く関与しておりその形態もさまざまである。このような中、2019年暮れに確認されたいわゆる新型コロナ感染症は、瞬く間に全世界に拡大して、人と物の流れが停滞した。その結果、多くの企業は厳しい経営を余儀なくされ、働き方にもテレワークtelework が広がるなど大きく変化してきた。

　本稿では、企業の社会的責任の次の段階であり、市民の一員としての「企業市民」に焦点を当てる。そして、「企業市民」の必要な要素は何かについて、経営者・労働者、さらに、社会的ネットワークの視点から探っていこうとするものである。

　研究の取り組みは、第一ステップとして2010年11月に発行された社会的責任に関する国際規格ISO26000にアプローチして、必要な要素を検討し、第二ステップとして、社会的ネットワークの観点から検討した。そこで選定した要素とは、①統合、②説明責任、③主体的行動、④同調回避、⑤関連業者ネットワーク、⑥社内ネットワークである。

　第三ステップとして、それらの要素を2019年の「関西電力の金品受領事案」と、2020年に起こった「小林化工の睡眠剤混入事案」にあてはめて分析した。同分析で得られたことは、前者は、①、④、⑥は重要な要素であり、他の②、③、⑤は、必要な要素であった。後者は、①、②、⑥は重要な要素であり、③、④、⑤は必要な要素であった。さらに、第四ステップとして両者を比較検討した。相違点は、前者と後者の重要な要素は異なっていたが、同一点は、①から⑥まで全てが必要な要素であることが確認された。

　すなわち、2つの事例を比較検討したところ、重要な要素は異なっていたが、最も重要な点は選定した①から⑥のすべてが必要な要素であることが明らかになったことである。したがって、企業に求められる「企

業市民」の必要な要素は、経営者・労働者の観点からは、①統合、②説明責任と、③主体的行動、④同調回避、社会的ネットワークの視点からは、⑤関連業者ネットワーク、⑥社内ネットワークであると結論付けた。

付言するならば、本研究において比較検証として当てはめた事例は、取り上げた2つの事案であったが、「企業市民」の必要な要素は、他の不祥事案にも適用可能と考える。なぜならば、不祥事案の形態は異なっていても根源的なものは変わらないと考えられるからである。

2 先行研究

第2節は、先行研究を概観する。1つ目は、企業市民について、2つ目は、社会的ネットワークの特徴と市場とネットワークの関係について述べる。1つ目の点は、米国では、1980年代後半にはよき企業市民という言葉が一般的に使われていたこと、アンドリオフとマッキントッシュの論文集を紹介し、企業市民として行動する重要性と、マースデンとアンドリオフが主張する良き企業市民とは、企業と社会全体のために、企業が社会に及ぼす広範な影響を理解し、それを管理することと定義していることなどを述べる。本稿では、企業市民とは、企業はコミュニティなど社会との関係を重視し、持続可能性を図りながら企業としての責任を果たし、社会に積極的に貢献するものと解する。

2つ目の点は、企業を取り巻く環境は、ネットワークの広がりによって大きく変化していること、企業市民を考えるに当たり、社会的ネットワークとの関係を理解することは重要であることを論述する。

2-1 「企業市民」について

「企業市民」corporate citizen とは、企業には、事業活動のみならず良き市民として地球社会の発展や環境、教育、文化などの分野で積極的に貢献していく発想が求められるという。[注1] 初期的段階でよき企業市民という言葉を使っていたのは、1986年に日立製作所の広報活動のために

設置された米国のロサンゼルス事務所で初代所長を務めた小浜正幸氏があげられる。彼は『よき企業市民への発進』の著書の中で、日本では、良い企業は、いい製品を安く売って消費者に提供し、適正な利潤を得て税金を納めると考えられている。これに加えて米国ではよき隣人として地域社会の向上に貢献するという条件が必須となるよき企業市民という考え方であると述べ、89年11月13日現地のロサンゼルス・タイムズに、次のように掲載されたと説明している。その内容とは、「日立は、日本でも指折りの大企業であるが、82年のIBMスパイ事件、3年後の米国半導体市場ダンピング疑惑で米議会の怒りに触れ悪名高い企業としてその名は、たちまち米国内に知れ渡った。小浜氏の言葉を借りれば、日立は悪童だったわけだが、最近この悪童は『よき企業市民』への転身を図っている」というものであったという（小浜，1995）。彼の主張から、米国では、1980年代後半にはよき企業市民という言葉が一般的に使われていたこと。よき企業市民とは、よき隣人として地域貢献活動を行うものと理解されていたことがわかる。

　他方、アンドリオフ，マッキントッシュ（2001）は、『企業市民の視点』の論文集において「私たちは社会的市民権を単なる広報活動としてではなく、国際的かつ世界レベルの新しいガバナンス機構の重要な手段として理解する必要があります。国際的及び世界レベルでの新しい統治機構の設置、それは、素敵なショーウインドウ活動ではなく、21世紀に人類が直面するであろう緊急の問題に対して、協調的に行動することです」(p.12)と論述している。この内容は、同論文集の前書きとして記載されており、企業市民として行動する重要を指摘しているものとして注目される。さらに、彼らによれば「良き企業市民とは、企業と社会全体のために、企業が社会に及ぼす広範な影響を理解し、それを管理することと定義している。（マースデンとアンドリオフ，1998）これは、持続可能性という考え方と密接に関連するようになってきている。また、企業の社会的責任という概念とも同義である」と論じている。(p.14-15)この内容

は、言い換えれば、マースデンとアンドリオフが主張する良き企業市民の定義について説明し、持続可能性との関係性と企業の社会的責任の概念の同一性を述べているものといえる。

一方、ポストほかは、『企業と社会（上）』の著書において、1920 年代を起源とする企業の社会的責任と、1960 年代を起源とする企業の社会的即応性そして、1990 年代を起源とする企業市民を対比して説明し、企業市民 corporate citizenship の概念には、率先して「企業と社会」の問題を伝えること、ステークホルダーとパートナーシップを構築すること、社会的戦略目標に向けてビジネスチャンスを発見すること、財務業績のみの関心を財務業務と社会業績のビジョンへと変革することが望まれると述べている（ポストほか, 2012）。彼らの主張からすると、企業市民は、1990 年代を起源していること。企業市民の概念は、①率先して「企業と社会」の問題を伝える、②ステークホルダーとパートナーシップを構築する、③社会的戦略目標に向けてビジネスチャンスを発見する、④財務業務と社会業績のビジョンへ変革することが含まれるといえる。

以上の議論を踏まえて、本稿では、「企業市民」について企業は、コミュニティなど社会との関係を重視し、持続可能性を図りながら企業としての責任を果たし、社会に積極的に貢献するものと解する。

2-2 社会的ネットワークの特徴と市場とネットワークの関係

米国の学術博士クリスタキスとファウラーは『つながり社会的ネットワークの驚くべき力』の著作において、パートナー探しを例にネットワークのすぐれた特徴を次のように述べている。社会的ネットワークの驚くべき力は、似た者同士を引き合わせ、運命のパートナーを同じ部屋に招き寄せる。社会的ネットワークがより大きく、より広くなるほどパートナーにとっては、選択肢が増え、友人や友人の友人を介してふさわしいパートナーに関する情報の流れが加速し、パートナー探しは、いっそう容易にし、より効率的により正確になる（クリスタキス, ファ

ウラー, 2010)。

　パートナー探しを、取引相手に置き換えてみた場合、社会的ネットワークがより大きく、より広くなるほど企業にとっては、取引相手の選択肢が増え、他の企業や、その企業が取引している企業を介して、ふさわしい取引相手に関する情報の流れが加速し、取引企業探しはいっそう容易にし、より効率的により正確になるといえよう。すなわち、社会的ネットワークが拡大することによって、企業は、最適な取引先を探すことが容易に、より効率的に行うことができるということになる。企業にとって社会的ネットワークは大きな力になると考える。

　他方、社会学博士の朴　容寛によれば、『ネットワーク組織論』の著書において、かつての市場は、需要と供給が出会う場所として、フェース・ツー・フェースの接触による物理的な場所であった。ところが、EDI、EC、CALS、インターネットなどの発達は、市場の構成にインパクトを与え、市場そのものをネットワーク化させつつある。市場とは、物理的な出会いだけでなく、電子的な接触による需要と供給との出会いをも含む場として定義しなおさなければならないと論じている(朴, 2003)。彼は、企業が生産者と消費者の間にあった市場について、従来は、直接お互いが顔を合わせて取引していたが、電子取引や生産、調達、運用などの支援総合情報システム、インターネットなどの普及により、その関係がネットワーク化され、お互いが対面しなくとも容易に取引できるようになったことを指摘している。市場がネットワーク化されることによって、直接生産者と消費者の取引が可能となり、仲介者をはぶくことができる。その結果、取引コストの削減や消費者ニーズへの対応が迅速に行われるなどという効果が生ずることになる。近年の市場は、需要と供給をつなぐネットワークを通じて大きく進化しているといえる。

　これまで述べてきたように、企業を取り巻く環境は、ネットワークの広がりによって大きく変化している。企業市民を考えるに当たり、社会的ネットワークとの関係を理解することは重要である。

第2節では、先行研究として、第一、「企業市民」では、ロサンゼルス事務所初代所長を務めた小浜氏の著書と、アンドリオフとマッキントッシュの論文集、ポストほかの著書を紹介した。アンドリオフとマッキントッシュは『企業市民の視点』の論文集において、企業市民として行動する重要性を指摘していることなどを説明した。本稿では、企業市民の概念について、企業はコミュニティなど社会との関係を重視し、持続可能性を図りながら企業としての責任を果たし、社会に積極的に貢献するものと解することを述べた。

第二、社会的ネットワークの特徴と市場とネットワークの関係では、近年の市場は、需要と供給をつなぐネットワークを通じて大きく進化していることを述べた。そして、企業市民を考えるに当たり、社会的ネットワークとの関係を認識することは重要であることを論じた。

3　問題提起

第3節は、本件研究に関係する問題提起として第一に、企業はコンプライアンスを尽くせば社会的責任を果たせるか。第二に、企業市民と社会的ネットワークの関係について考える。第一の点は、単にコンプライアンスを尽くしていたとしても企業の社会的責任を果たしたとは言えない。なぜなら、法令遵守は、最低限のルールにすぎず、単に法令を逸脱していないからといって社会的責任を果たしているとは言えないからである。

第二の点は、前述した企業市民の概念と、カドゥシンが主張する社会的ネットワークの価値は、信頼、互恵性、コミュニティに対するアクセスを可能にするという解釈から企業市民と社会的ネットワークの関係についての具体例として、「平成元年房総半島台風」で被災した家屋の復興のため、瓦職人の企業が社会的ネットワークを活用して災害プロジェクトを立ち上げることを説明する。

3-1　企業はコンプライアンスを尽くせば社会的責任を果たせるか

　企業は、労働基準法や食品衛生法などの各種法令を守って行動していればCSRを果たすことができるかという疑問である。この問いに対する説明は、コンプライアンス[注2]は重要であるが、単にコンプライアンスを尽くしていたとしても企業の社会的責任を果たしたとは言えない。なぜなら、そもそも法令遵守は、最低限のルールにすぎないものであり、単に法令を逸脱していないからといって社会的責任を果たしているとは言えないからである。

　松野　弘教授 (2019) は『企業と社会論とは何か』の著書において、「確かにコンプライアンスは重要であるが、その実行に際しては、会社的な組織風土・構造の見直しなどが伴わないのであればコンプライアンスの効果は半減し、企業は再度不祥事を起こす危険があるということである」(p. 127) と主張している。彼は、コンプライアンスのみを強調するだけではなく、組織風土や構造面など総合的に検討し改革する必要性を指摘している。

　たとえば、海外と取引のある木材を扱う国内の企業が現地の労働者を使って森林を伐採しているという事案を例にした場合、現地の法令には違反しない範囲内で無秩序に森林を伐採し、児童を労働者として雇っていたとすればどうか。この企業は、特に現地の法令には反しないことを行っているかもしれない。しかし、無秩序に森林伐採を続ければ、洪水などの自然災害のおそれがあり、環境破壊につながるので許されないことになる。また、児童労働についても人権という観点からは、社会的に認められることではないであろう。このように考えると単に現地の法令には抵触しないというだけでは環境保護や人権尊重という企業の社会的責任は果たせないことになる。

　鈴木教授と百田教授 (2008) は、「社会的責任は、やはり自発性を特徴として、法的責任を超えたところで把握する方が妥当である」(p. 72) と述べている。コンプライアンスを法的責任と捉えた場合、社会的責任は

第7章 「企業市民」の必要な要素は何か ―経営者・労働者・社会的ネットワークの視点から―

法的責任すなわちコンプライアンスを超えたものといえる。したがって、コンプライアンスは、企業として当然に守るべき義務といての法的責任であり、社会的責任は、そうした法令や契約を遵守するということを超えた自主的なものと解される。

3-2 「企業市民」と社会的ネットワークの関係はどうか

米国の社会学者カドゥシン（2015）によれば「社会的ネットワークが価値を持つのは、それが資源へのアクセスや、信頼、互恵性、コミュニティにおける価値観といった重要な社会的属性へのアクセスを可能とするからである」(p.220)と述べている。彼は、社会的ネットワークの価値は、個人や隣人の資源へのアクセスと、信頼、互恵性、コミュニティに対するアクセスを可能にすることを指摘しているといえる。

前述した企業市民の概念と、カドゥシンの指摘から企業市民と社会的ネットワークの関係についての具体例として、2019年9月に起こった「令和元年房総半島台風」を紹介したい。台風15号による暴風により千葉県を中心として約7万4,900棟を超える住宅に甚大な被害が発生した。住宅被害の多くは屋根瓦の飛散であり急きょ、ブルーシートで屋根を覆う応急措置が行われた。[注3] しかし、この時期は、台風シーズンであったことから、一度ブルーシートを設置しても大雨と強風のためにすぐにはがされるという状況が続き、早期の屋根補修作業が強く要望された。ところが、房州地域の少ない瓦職人だけでは到底手が足りず、シートがはがれたまま、あるいは傷んだブルーシートで屋根をかろうじて覆う状態が半年以上の長期間に及んだ。

こうした問題を解決するには、瓦工事組合などを通じた関係業者が中心となって被災県を超えた社会的ネットワークを構築することが考えられる。すなわち、県外から瓦職人などを集め、新しい瓦を調達してプロジェクトを作り、早期に被災家屋の補修作業を進めることである。瓦職人の社会的ネットワークを活用して災害プロジェクトを立ち上げること

により、被災地域の復興に弾みがつくと考えられる。当然のことながらこうした災害時の広域緊急活動には、国や地方自治体の支援が必要となるが、中心となるのは瓦職人を抱える企業である。

　関係する企業が相互間の社会的ネットワークを通じて活動することによって、人的資源へのアクセスと信頼、互恵性、など重要な社会的属性へのアクセスを可能にし、地域社会が抱える問題解決に応えることができる。このように、「企業市民」と社会的ネットワークには、緊密な関係があるといえる。

　第3節では、本件研究に関係する問題提起として第一に、企業はコンプライアンスを尽くせば社会的責任を果たせるか。第二に、企業市民と社会的ネットワークの関係について考えた。第一については、単にコンプライアンスを尽くしていても社会的責任を果たしているとはいえない。コンプライアンスは、企業が当然に守るべき義務と考えられ、社会的責任は、そうした義務的なことを超えるものであり企業が主体的に取り組むべきものと解されるからである。

　第二は、先の述べた「企業市民」の概念と、カドゥシンが主張する社会的ネットワークは、信頼、互恵性、コミュニティに対するアクセスを可能にするという解釈から、「令和元年房総半島台風」を例に、瓦工事組合などを通じた関係業者が中心となって被災県を超えた社会的ネットワークを構築する例について述べた。

4　企業の責任

　第4節では企業の責任とは何かを考えていきたい。第一に、企業の責任の内容、第二に、社会影響責任について、第三に、危機管理責任と判例について議論していきたい。第二の点は、津波災害の危機管理の章でも説明したが、本論のテーマとしても特に重要と考え取り上げた。第一の点は、形態別の事前対応責任と、事後対応責任について説明する。前

者は、顧客などに被害が及ぶ前の段階であり、後者は不祥事案などが起こった後の対応である。次に述べる社会影響責任の観点からすれば、前者の対応がより重要であることを述べる。

　第二の点は、既述した社会影響責任についての再確認である。ここで再度取り上げたのは、企業市民の観点からも重要と考えたからである。その概念を繰り返すならば、社会影響責任とは、企業や個人が社会に及ぼした影響について故意・過失を問わず責任を負うものである。社会影響責任の例として、保険会社の管理者が従業員に対して過度のノルマを課した結果、その従業員が顧客に対していわゆる二重契約をしてしまったことを挙げた。この管理者には、従業員に対して二重契約をすることを指示していないものの社会影響責任があることを説明する。

　第三の点は、いわゆる「ダスキン株主代表訴訟事件」について大阪高裁（H18.6.9）は、「食品販売会社の消費者およびマスコミへの危機対応として、到底合理的なものとはいえない」と判示した内容を紹介する。同裁判では、危機管理責任をいう言葉を直接使っていないものの、取締役に対する危機管理責任を認めたものとして注目されることを述べる。

4-1　企業の責任の内容

　企業の責任には、法的責任や道義的責任などがあるが、ここでは形態別の事前対応責任と、事後対応責任について考えてみたい。前者は、顧客に被害が及ぶ前の段階を意味する。たとえば、食品製造企業の場合、平素から製造過程の衛生管理に十分配意して顧客に健康被害が生ずることがないようにすること。そのために、製造過程での検査などチェック機能を強化することなどである。汚職事件や談合、欠陥商品の販売、従業員の不当な処遇、暴力団など反社会的勢力との関係などは、反社会的な行動となる。したがって、企業は、そのような反社会的な行為は行わないということが重要であり、それが、企業の社会的な信頼につながる。

　後者の責任は、企業の不祥事案が起こったときなどに関係者の被害を

最小限に抑え、拡大防止を図ることである。特に、初期段階においては、方針を明確にして迅速に行動することが必要である。これまでは、企業に問題があった場合の事後対応責任に重点を置くというきらいがあったが、それでは行為者の責任追及や結果の処理だけにとどまってしまう。次に述べる社会影響責任の観点からすれば、前者の対応がより重要である。

4-2　社会影響責任

　企業は社会的な存在であることから、企業が何らかの問題を起こした場合、それは直ちに社会に大きな影響を及ぼすことになる。及ぼした影響が刑事罰に該当する場合は、訴追されて処罰を受けることになり、及ぼした影響が民事上の不法行為などに該当すれば損害賠償責任を負うことになる。既に述べてきたように、こうした法律上の責任ではないものが社会影響責任であり、本稿では、社会影響責任 social Influence responsibility とは、企業や個人が社会に及ぼした影響について故意・過失を問わず責任を負うものと解する。ここにおいて社会とは、企業を取り巻くステークホルダーや環境等ということである。

　たとえば、ある保険会社の管理者が自社の保険契約の実績を上げるために、従業員に対して、過度な目標（ノルマ）を強いた。その結果、営業社員が契約者に対して解約できないなどと偽って、既在契約を解除させず、新契約に加入させるいわゆる二重契約をすることである。保険会社の管理者は、虚偽事項を契約者に告げて保険契約をとるようにと指示したわけではないが、営業担当者からすれば、契約をとれないと叱責されて解雇されてしまうというプレッシャーが強く働いて不適切な契約行為をしてしまったといえるのではなかろうか。すなわち、保険会社の管理者による過度な目標（ノルマ）が、営業社員の不適切な保険契約行為に影響したといえる。このような場合、保険会社の管理者には、社会影響責任があるということになる。

著書『経営の真髄上』でドラッカー（2012）は、「社会的責任の限界としての権限の問題は、自らがもたらした影響に係る責任については適用されない。なぜならば、自らがもたらした社会的影響それ自体がたとえ、純粋に偶然的かつ無意識のものであっても、権限の行使の結果だからである。ここにおいて自動的に責任が生じる」(p.366) と述べている。他方、実在主義哲学者のハンス・ヨナスは (2000) は『責任という原理』の著書で「引き起こされた損害は、埋め合わされなければない。かりに行為者に悪意がなくとも、かりに損害が予見されず意図されていなかったとしてもそうである。私の行為が原因であったならそれで十分である。」(p.162) と論じている。

換言すれば、ドラッカーは、権限を行使した場合、それがたとえ偶然又は無意識なものであっても周囲に及ぼした影響の責任は負うべきことを指摘し、ヨナスは、自分の行為が原因であれば予見できず意図的でなかったとしても引き起こした損害は責任を負うべきことを主張しているといえる。

社会影響責任は、法令に抵触しなければ何をしてもかまわないという考えに対して、逆に責任を問うものであり、企業が負う社会的責任に含まれるといえる。

4-3 危機管理責任と判例

企業が汚職事件や偽装食品問題などの危機的な事態を生じさせた場合に問われるのが危機管理責任である。首藤信彦教授は、危機管理と責任について、危機管理に最も求められるのは、責任を持って危機管理を行う体制である。何時襲ってくるかもしれない虚構・仮想の危機に、組織の希少資源を大量に使用する意思決定を実行できるのは、危機管理に責任を持つものしかできないのである。危機に際しては、誰かが思い切って危機対応する必要がある。もし責任をとる者が明確でなければ、その場に居合わせた管理者は、常に低いプロファイルで責任回避に逃げ込む

であろうと述べている（首藤，1999）。

　言い換えれば、彼は不確実性のある危機に対して組織の意思決定を実行できるのは危機管理に責任を持つ者のみであり、その責任を持つ者が明確でなければならないと主張している。このことは、危機管理責任を行う者の重要性を指摘しているものとして注目される。

　改めて確認すると、本書において、危機管理責任とは、危機的な事案が発生し、または差し迫った際に、なすべき立場の者が、合理的になすべく対処義務を怠った責任と定義している。危機管理責任に関する判例は、いわゆる「ダスキン株主代表訴訟事件」が挙げられる。この事件は、2002年5月新聞報道によって明らかになり、ダスキンが運営するチェーン店において、食品衛生法上使用が許されていない添加物が含まれた大肉まんを販売したというものである。大阪高裁（H18.6.9）は、「それは、本件混入や本件販売継続及び隠ぺいのような重大な問題を起こしてしまった食品販売会社の消費者およびマスコミへの危機対応として、到底合理的なものとはいえない」[注4]と判示し、取締役会に出席した取締役全員に対して責任を認めた。役員らが大肉まんに無認可添加物の混入などの事実を知ったが、主要な役員の間でこれらの事実を公表しない旨の方針が決定され、これを当然の前提として取締役会で承認されたことを踏まえた判決内容である。前述した危機管理責任の概念からいえば、食品会社が製造する大肉まんに無認可添加物が混入したという事実を認知した時点で危機が生じた。経営陣としては、消費者に被害が及ばないように直ちにマスコミに公表して該当する大肉まんの販売を中止するなどの適正な処置をとるべき義務があったということになる。同判決は、危機管理責任という直接的な用語で表現されたものではないものの、取締役に対する危機管理責任を認めたものとして注目される。

　企業の危機管理は、事態の回避と被害を最小限に抑えることを目的とするものである。この点について、裁判所は、「したがって、そのような事態を回避するためにそして、現に行われてしまった重大な違法行為に

第7章 「企業市民」の必要な要素は何か ―経営者・労働者・社会的ネットワークの視点から―

よってダスキンが受ける企業としての信頼喪失の損害を最小限度に止める方策を積極的に検討することこそが、このとき経営者に求められていたことは明らかである」[注5]と判示している。他方、ドラッカー（2008）によれば「企業は、自分たちが社会に及ぼす影響に責任があるのだから、それを最小限に抑えようとするのは当然だろう」（p.390）と論じている。

これまでの議論から企業には社会影響責任がある。したがって、危機的被害を最小限に抑えることは当然なことであり、その責任は危機管理責任であるといえよう。すなわち、危機管理責任は、社会影響責任に含まれると考えられる。（図1.「企業の責任区分」参照）

図1. 企業の責任区分

出所：筆者作成

第4節では、第一に、企業の責任の内容と、第二に、社会影響責任、第三に、危機管理責任と判例について述べた。前述の第一は、事前対応責任と、事後対応責任があることを説明し、社会影響責任の観点からすれば、前者の対応を重視すべきであることを述べた。

第二は、既に述べたが社会影響責任とは、法令に規定されたものではなく、企業や個人が社会に及ぼした影響について故意・過失を問わず責任を負うものであることを再確認した。

第三は、危機管理責任の裁判例として「ダスキン株主代表訴訟事件」の大阪高裁（H18.6.9）を紹介した。同裁判では、直接的な言葉ではないものの取締役に対する危機管理責任を認めたことを述べた。そして、危機管理責任は、社会影響責任に含まれることを論述した。

5　CSRと「企業市民」との関係・「企業市民」への取組企業

　第5節は、本稿の核心である「企業市民」について考える。第一は、CSRと「企業市民」との関係、第二に、「企業市民」への取組企業について述べていきたい。第一の点は、これまで述べてきたCSRと企業市民の違いは何かということの説明である。松岡教授と、大和田の主張を踏まえ、CSRと企業市民の違いは、前者は、ステークホルダーに十分な配慮を払うなどの責任であるが、後者は、CSRの次のステップであり、よき市民の一員として責任を負い、社会的貢献を強調していることを述べる。

　第二の点は、2013年NTT東日本千葉グループの活動を紹介する。当時、同グループは、良き「企業市民」をめざし、自治体や他の企業などと連携して継続かつ積極的に社会貢献活動に取り組んでいたこと。同グループの活動の特徴として、企業が有する技術の活用や従業員の参加など自発的な経営資源の活用ということについて説明していきたい。

5-1　CSRと「企業市民」との関係

　CSRと企業市民の違いは何か、その関係をみていきたい。松岡紀雄教授（1992）は、『企業市民の時代』の著書で「何よりも企業市民という以上、文字どおり責任ある良き市民として社会の現実を直視し、それを踏まえた活動でなければならない」(p.5) と述べている。彼の主張から企業市民は、社会との関係を重視し、企業がよき市民の一員として責任を負う立場にあるものといえる。

　他方、大和田順子の論文「企業の市民としての存在」によれば、企業市民の定義は、顧客、従業員、数主、取引先そして、地域社会や社会一般に対して社会的責任を果たすのみならず、さらに、地域社会や社会一般に貢献する企業ということができるが、これはすなわち、企業が市場適用のみならず社会適応の段階に移行しつつある今日的な企業の存在意味をあらわしている。そして、歴史的背景に呼応して、企業の役割は、3つの

段階を持つようになった。第一段階では、企業の社会的義務で、これは、企業本来の機能を果たすうえで法律や規制や倫理規範などを遵守する義務、第二段階では、社会的責任段階で、企業本来的活動を行う上で影響を受けるあらゆる人々の便益に十分な配慮を払う責任がある。第三段階では、社会的貢献で、企業は、社会的便益のために、本来活動と直接関係のない領域であっても自発的に経営資源を活用することが期待されている。この三段階の社会貢献が企業の市民性として注目されると述べている（大和田，1991）。

　大和田の主張を換言すれば、企業市民とは、社会的責任プラス地域社会や一般社会に貢献する企業であり、今日的な企業の存在意味をあらわしている。さらに、ステークホルダーに十分な配慮を払う責任を負う社会的責任の次の第三段階が企業市民であり、直接関係のない領域であっても自発的に経営資源を活用することが期待されるといえる。

　これまでの議論から、CSRと企業市民の違いは、端的に言えば前者は、ステークホルダーに十分な配慮を払うなどの責任であるが、後者は、CSRの次のステップであり、よき市民の一員として責任を負い、社会的貢献を強調しているものと解される。

5-2　「企業市民」への取組企業

　企業市民の取り組みとしては、アメリカや日本国内の企業などの例があるが、ここでは2013年のNTT東日本千葉グループの活動を取り上げたい。同グループが作成した『CSR報告書2013』によれば、地域社会の一員として良き企業市民をめざし、自治体や他の企業などと連携して継続かつ積極的に社会貢献活動に取り組んでいるとしている。[注6]

　その主な内容は、①「ネット安全教室の開催」、メールのやりとりなどに伴うトラブル防止のため小学高学年を対象としたもの、②「海岸清掃活動の実施」、環境貢献活動として社員及び家族参加によるもの、③「NTT消防団の設置」、地域社会への貢献活動の一環として千葉市消防

局が主催する各種訓練に参加するもの、④「電話お願い手帳の寄贈」、耳や言葉の不自由な人々のためのものなどである。

当時の資料名は、CSR報告書となっているが、内容的には企業市民としての活動すなわち、社会貢献活動に積極的に取り組んでいたことが窺える。さらに、同グループの社会的貢献は、アメリカ的な寄付活動が主というものではなく、企業が有する技術の活用や従業員の参加など自発的な経営資源の活用という点が特徴であった。

第5節では、近年注目され、本稿の核心である「企業市民」について議論した。第一の、CSRと「企業市民」との関係では、「企業市民」の概念は、CSRに、市民の一員として企業の社会的貢献を強調したものと解することを説明した。

第二の、「企業市民」への取組企業では、2013年にNTT東日本千葉グループが、良き企業市民をめざして、社会貢献活動に取り組んでいた。その貢献活動は、企業が有する技術の活用や従業員の参加など自発的な経営資源の活用であったことを紹介した。

6 「企業市民」の要素

第6節は、本研究の核心である企業市民の要素について考えていきたい。第一は、「企業市民」の要素の根拠について、第二は、経営者の観点からの要素、第三は、労働者の視点からの要素を述べる。第一の点は、企業市民の要素についてISO26000に注目したこと。ドラッカーと、パットナムによれば、社会的ネットワークは、問題解決という社会的責任を果たすうえにおいて優位性があるという主張などから、企業市民の要素を社会的ネットワークの観点から探っていくことを説明する。

第二は、市民企業の要素として経営者の観点から、『ISO26000を読む』の著者である関が主張する①統合と、社会的責任の7つの原則の中にある②説明責任に注目したこと。統合とは、大局的方針である企業戦略や

第7章 「企業市民」の必要な要素は何か ―経営者・労働者・社会的ネットワークの視点から―

具体的活動計画となる企業戦術などに、社会的責任を取り入れ、組織活動と社会的責任を一体化させることであることを述べる。

第三は、関によれば、ISO26000 は、企業自身が主体的に行動することを促すものであると指摘していること。規約上重要な人権尊重の問題は、暗黙の加担すなわち同調に配意すべきであることを強調していることから市民企業の必要な要素として、労働者の観点から、③主体的行動と、④同調回避に注目したことを論じる。

6-1 「企業市民」の要素の根拠

企業市民の概念は、これまで述べてきたとおり、CSR の考え方に、市民の一員としての企業の社会的貢献を強調したものである。ドラッカー (2012) によれば、「企業は、社会と経済の中に存在しており、社会と経済の有用かつ生産的な仕事をしている限りにおいては、存続をゆるされるにすぎない」(p.198) と述べている。彼の言葉を借りれば、企業は、社会と経済の中の市民として有益な仕事をしている限りにおいて、存続が許されるといえる。したがって、企業市民の要素とは、企業が市民の一員として有益かどうかを判断するもの、いわば判断指標といえる。

それでは、企業市民の要素はどこから導かれるか、その根拠は何か、第一に、この疑問のヒントになるものを ISO26000 に注目してみることとする。国際標準化機構から 2010 年 11 月に正式発効された組織の社会的責任に関するガイダンス文書である ISO26000 には、説明責任、透明性など 7 つの原則が示されている。

関　正雄によれば、組織と統治の基本は、透明性、説明責任など社会責任の 7 つの原則に沿った意思決定を行うこと。トップダウン、ボトムアップの双方のコミットが重要であると述べている (関, 2011)。そこで、ISO26000 を基に企業市民の必要な要素について、経営者・労働者の観点からどのような要素が重要であるか考えてみたい。

後者の重要性について、菊地高志教授 (1980) は、「企業の社会的責任

と労働者参加」の論文において「労働者の参加が真に現代企業行動の規制力となり、企業の社会的責任、公共性への意識を喚起する役割を担うためには、参加労働者自体が私的企業の今日的姿を全体社会の広がりの中で捉えなおす必要があろう」(p. 151) と述べている。

　第二に、企業市民の要素について、社会的ネットワークの観点から検討していきたい。ドラッカー (2012) は、「社会的責任とは、自らのミッションの追求において、他人に害をなさないことを意味する。同時に社会に存在する問題の解決に貢献することを意味する」(p. 378) と述べており、さらに、社会学の森岡清志教授 (2012) によれば「すなわち、流動的な社会において、人々を組織の拘束から解放し、自律的に動かすことのできるネットワーク組織は、環境の適応性、知的な創造、問題解決の点で優れていると考えられている」(p. 162) と論述している。

　換言すれば、ドラッカーは、社会的責任について、社会に存在する問題解決に貢献すると主張し、森岡教授は、ネットワーク組織について、問題解決の点で優れていることを論じたと理解される。したがって、両者の主張から社会的ネットワークは、問題解決という社会的責任を果たすうえにおいて優位性があるといえる。

　他方、パットナム (2006) によれば『孤独なボウリング：米国コミュニティの崩壊と再生』の著書で「経済的、政治的取引が社会的相互作用の密なネットワークに埋め込まれているとき、日和見や不正への誘因は減少する」(p. 17) と論じている。換言すれば、緊密なネットワークは、信頼関係や相互利益の協力関係を促進させて自分勝手な振る舞いや不正防止に役立つと言えよう。すなわち、社会的ネットワークは、不正行為などを内容とする企業の不祥事案防止に効果があると考えられる。

　本論において「企業市民」の要素を、社会的ネットワークの視点から検討していくこととした理由はここにある。

6-2　経営者の観点からの要素

　関　正雄によれば、統合は、社会的責任の本質を理解するための重要なキーワードであると述べており、統合の意味について、日々の事業活動やあらゆるレベルでの意思決定のなかに社会や環境への配慮を組み込んでいく、あるいは、織り込んでいくことであると説明している。さらに、社会的責任の7つの原則は、説明責任、透明性、倫理的な行動、ステークホルダーの利害の尊重、法の支配の尊重、国際行動規約の尊重、人権の尊重であると説明している (関, 2011)。

　そこで、市民企業の要素として経営者の観点から、特に重要と考える①統合 integration と、②説明責任 accountability に注目したい。①統合とは、大局的方針である企業戦略や具体的活動計画となる企業戦術などに、社会的責任を取り入れ、組織活動と社会的責任を一体化させることである。たとえば、食品販売の企業が、消費者の安全確保という社会的責任を果たすため、製造現場に不認可添加物混入の確認責任者を指定し、混入事案が発生した場合直ちに製造を中止するなどの対処がとれるようにすることが考えられる。統合で重要なことは確実に実践されることである。いくら立派な社会的責任を掲げチェックシステムを導入しても、実際の現場において実行されなければ意味がない。近年、企業の不祥事案に関連して、コーポレートガバナンス corporate governance (企業統治) の問題が指摘されている。田村達也 (2002) によれば、「コーポレートガバナンスとは、企業経営を常時監視しつつ、必要に応じて経営体制の刷新を行い、それによって不良企業の発生を防止していくためのメカニズムである」(p.6) と述べている。統合が実践されることと、コーポレートガバナンスには緊密な関係性がある。なぜならば、企業経営の監視とされるコーポレートガバナンスが有効に機能していなければ統合は実践されないからである。

　②について、松本恒雄教授によれば、説明責任とは、決定及び活動に対して、組織の統治機関規制当局及びより広義にはそのステークホル

ダーに対して、責任ある対応のとれる状態と定義し、説明責任には、不正行為に対する責任、不正行為を正す適切な方策、不正行為の再発予防も含まれます。このように説明責任とは、組織にも社会にも良い影響を及ぼすものとされていますと述べている（松本, 2011）。彼は、企業の説明責任には、不正行為の責任・それを正す方策・再発予防の3つが含まれることを指摘しているといえる。

説明責任が問題になるのは、特に不祥事が起こった場合である。企業にとってプラスになることは積極的に説明するがマイナスとなることは隠そうとする。しかし、そもそも情報化社会と言われる現代においては、たとえ内部で起こったことであれ、それを組織内だけの問題として隠しとおすことはできない。そこで問われることは、説明責任がきちんと行われているかということになる。

説明責任のポイントはタイミングである。できるだけ早い段階で企業のトップは自らの言葉で、その時点で判明していること、被害拡大を阻止するために採るべき対応を明確に説明することである。この説明責任をしっかりできるかどうかで社会からの信頼は大きく変わってくる。

ここで、関が述べた前述の社会的責任の7つの原則のうち、本稿で取り上げなかった、①透明性、②倫理的な行動、③ステークホルダーの利害の尊重、④法の支配の尊重、⑤国際行動規約の尊重、⑥人権の尊重の6つについて簡単に説明すると、①については、説明責任を尽くすことにより達成可能と考えた。②、③は当然のことであり、④、⑤、⑥は、むしろ国際間の問題として重要なものと判断した。

6-3 労働者の観点からの要素

関　正雄によれば、ISO26000は、あらゆる組織に対して社会的責任の理解と主体的行動を促すことを目的として、動機づけと、行動のヒントを提供するものだと述べており、人権の尊重として注意すべきは、暗黙の加担、つまり不作為による加担という概念であろう。他人による人権

第7章 「企業市民」の必要な要素は何か ─経営者・労働者・社会的ネットワークの視点から─

侵害が起こっている場合に、それを知っていながら何もしないことが加担とみなされる可能性があると説明している（関，2011）。彼の説明に従えば、ISO26000は、企業自身が主体的に行動することを促すものであること。規約上重要な人権尊重の問題は、暗黙の加担すなわち同調に配意すべきであることを強調していると理解される。

そこで、市民企業の必要な要素として、労働者の観点から、③主体的行動 spontaneous action と、④同調回避 avoid to conform をあげたい。初めに、③は、経営者の要素にも関係するということに触れておきたい。企業は、業種や規模などによって経営方策などもそれぞれ異なっている。そうした企業がどのように社会的責任に関係するかは、企業ごと違ったものとなることは当然であろう。経営者としては、企業ごとその特長を生かした社会的責任を主体的に行うことが望まれる。

次に、労働者の観点からの要素として③について考えていきたい。その前に、企業で働く者は、肉体労働者から知的労働者に変化していることを理解する必要がある。ドラッカー（2012）は「企業さらにはあらゆる種類の組織にとって、自らの生存は知的労働者の生産性によって左右されるようになるからである。まさに、最高の知識労働者を惹きつけ、とどめる能力こそ、最も基礎的な生存の条件となる」(p.351) と論述している。彼の主張は、企業で働く者は、以前の肉体労働者ではなく知的労働者がほとんどを占めるようになってきた。彼らは、自分で得た知識を身につけ、得意とする分野を生かせる企業を選択して就労している。知的労働者は、上司から言われたことを単にこなすというのではなく、下命事項の目的や趣旨などについて自ら考え行動するものである。したがって、従業員である知的労働者は、担当する仕事について自ら考え、問題点がある場合は、積極的な意見発信を行うなど主体的な行動とる必要があることを指摘しているといえる。

④の同調回避とは、物事の良し悪しは自分自身で判断し行動する。良くないと判断すれば、同意した行動やあおる行為などはとらないことを

意味する。身近な例をあげれば、職場の先輩がこれは、職場の慣例だからといって、お酒が飲めない新入社員に飲酒を強要する場合が考えられる。強要された本人は、新入社員という立場上はっきりと断るのは、勇気のいることである。そこで問題になるのは、同席者がどのような行動をとるかである。考えられる行動は、第一に、先輩の言葉に同意した行動をとる。第二に黙認して何も行動しない。第三に、人の嫌がることはやめるべきだなどと言って制止することが考えられる。健全な常識人であれば、第一の行為は避けるべきであり、第三の行為はそうすべきであると考えるであろう。

　問題は、第二の行動である。その場の雰囲気を壊すのではないかという気遣いなどから静観の態度をとる可能性がある。しかし、同じ席にいながら黙認することは、場合によっては共犯となる可能性があり、ここでいう同調に該当することになる。社会から批判を受けることに対して同調しまたは、同調とみなされる行為は避けるべきである。(図2.「経営者・労働者の観点からの要素」参照)

図2.　経営者・労働者の観点からの要素

「企業市民」の必要な要素	経営者の観点から	①統合
		②説明責任
	労働者の観点から	③主体的行動
		④同調回避

出所：筆者作成

　第6節では、企業市民の要素において、第一に、企業市民の要素の根拠について、組織の社会的責任に関するガイダンス文書であるISO26000に注目したこと。ドラッカーとパットナム両者の主張から社会的ネットワークは、問題解決という社会的責任を果たすうえにおいて

優位性があると解されることから社会的ネットワークを取り上げたことを述べた。

第二に、経営者の観点からの要素では、①統合と、②説明責任に注目したことを説明した。①は、大局的方針である企業戦略や、企業戦術などに、社会的責任を取り入れ、組織活動と社会的責任を一体化させることを説明した。②は、企業の説明責任には、不正行為に対する責任、不正行為を正す責任、不正行為の再発防止も含まれること。説明責任が特に問題になるのは不祥事が起こった場合であることを述べた。

第三、労働者の観点からの要素は、③主体的行動と、④同調回避に注目したこと。③は、知的労働者は、担当する仕事について自ら考え、問題がある場合は、積極的な意見発信を行うなど主体的行動をとることが必要であることを説明した。④は、社会から批判を受けることに対して同調し、同調とみなされる行為は避けるべきであることを論じた。

7　社会的ネットワーク

第7節は、企業市民の要素となる社会的ネットワークについて考えていきたい。第一に、ネットワークについて、第二に、企業活動にネットワークはどんな影響を及ぼしているか、第三に、社会的ネットワークの視点からの要素を述べる。第一の点は、坂井教授のいう人間の信頼には、個人間を結ぶ社会的ネットワーク特有の媒介機能があり、産業社会を円滑に動かす潤滑油の役割が存在するという主張から社会的ネットワークは企業市民の要素を検討する上で重要であることを確認する。

第二の点は、日本における企業のネットワークは、明治維新直後の強い紐帯であった財閥組織から敗戦後の弱い連結の企業グループ次に、1070年代の石油危機を契機とした相互依存関係の分業のネットワーク産業組織へと影響をおよぼしてきたこと。さらに、企業活動を行う者の多くは、インターネットによって結ばれることによって、集団間に架橋作用を及ぼし、幅広い結合と互酬性から社会的信頼の輪が生じてきたこ

とを説明する。

　第三の点について、社会的ネットワークは、問題解決という社会的責任を果たす上において優位性があり、また、個人や隣人の資源へのアクセスと、信頼、互恵性、コミュニティに対するアクセスを可能することから、「企業市民」の必要な要素は何かを、社会的ネットワークの観点から探ることとし、⑤関連業者ネットワークと、⑥社内ネットワークに注目したことを論述する。

7−1　ネットワークとは

　ネットワーク network[注7]について、社会学博士の渡辺　深(2002)は、「ネットワークとは、簡単に言うと直接的あるいは間接的に連結している社会関係の網(ネット)である。特にネットワークは、集団の境界(特定の集団、家族、コミュニティ、組織など)を横断する社会関係を理解し、特定の集団内部だけでなく、集団外部との社会関係を研究するため有効である」(p.89)と述べている。本稿では、ネットワークとは、相互のつながりを有する社会的な網 net と解することとする。

　他方、人間関係における「ネットワーク信頼」について論じている坂井素思教授は、人間の信頼には、個人間を結ぶ社会的ネットワーク特有の媒介機能があり、産業社会を円滑に動かす潤滑油の役割が存在する。産業社会の中で信頼が必要なのは、他者と共に仕事を行うからである。他者との相互連関的な生産活動の必要性が絶えず仕事を担う人間関係に降りかかってくる。人的なつながりの中でお互い良好な関係性、つまり「ネットワーク信頼」を保つと、その社会では産業上の経済活動も円滑に働くと、論文「コミュニケーション信頼とネットワーク信頼」において論じている(坂井, 2018)。同教授は、「ネットワーク信頼」という言葉を使って、人間関係における信頼の重要性を指摘していると解される。この点は、企業市民の要素を検討する上で重要である。なぜならば、お互いの信頼関係がなければ、以下に述べる同業者ネットワークや、社内

第7章 「企業市民」の必要な要素は何か ―経営者・労働者・社会的ネットワークの視点から―

ネットワークは有効に機能しないと考えられるからである。

7-2　企業活動にネットワークはどのような影響を及ぼしているか

　今井賢一と金子郁容の両教授は、『ネットワーク組織論』の著書において、企業組織に焦点を合わせたネットワークを以下のように論じている。彼らは、日本の企業ネットワークの原点は、財閥組織であった。それが、企業グループそして、ネットワーク産業組織へと転換していった。財閥は、株式保有・役員派遣という強い連結を基礎として、傘下の諸企業の意思決定をほぼ完全に支配する力を持っていたが、連合軍の力によって解体された。しかし、財閥組織の紐帯は、弱いかたちの連結として関係企業の間に残り、また、組織原則は、文化的な遺伝子として潜在的に残った。それらの諸力の複合として作られたのが戦後の企業グループといわれるものである。企業グループにおいては、株式保有も役員派遣も存続はしているものの程度が全く異なる弱い連結であり、意思決定に実質的な影響を与えるような背景力とはなっていない。このような状況にあった企業グループをネットワーク型の産業組織に転換させた契機は石油危機である。石油危機は、新しい産業組織をネットワーク型に編成し直したのである。その結果、産業組織の中に連鎖的な分業がものすごい勢いで増殖したと述べている（今井，金子，1988）。

　両教授は、日本における企業のネットワークの原点には、明治維新直後の財閥組織であったこと。財閥は、強い紐帯で連結されていたが、敗戦によって連合軍に解体され、戦後の高度成長によって弱い連結の組織として企業グループができたこと。さらに、1970年代に起こった石油危機を契機として自立性を持ちながらも密接な相互依存関係にあるという分業のネットワーク産業組織へと移行したことを説明している。

　他方、インターネットによって結ばれている人間関係について論じているのは、社会経済学の坂井素思教授である。同教授は、人々は「弱い紐帯」を形成する傾向を示し、集団間に「橋を架ける」作用 bridging function

を及ぼすときにこのような関係が形成される。架橋的 bridging な作用形態は、成員でない者に対して包括的 inclusive で誰にでも適用可能な一般的な特性を示すものである。架橋的な結合を示すものとして、市民権運動、青年奉仕団などが挙げられる。つまり、架橋タイプは、幅広い結合と互酬的ネットワークの輪を作り出していく性質がある。現代では、インターネットによって結ばれる人間関係の多くは、このブリッジング効果による結合を表していると考えられると論述している(坂井, 2014)。同教授の主張から、インターネットによって結ばれている人間関係の多くは、集団間に架橋作用を及ぼすことによって幅広い結合と、互酬性から社会的信頼の輪が生まれるといえよう。

以上の議論から、企業活動にネットワークはどのような影響を及ぼしているかという疑問に対して、年代別にみた場合は、明治維新直後の強い紐帯であった財閥組織から敗戦後の弱い連結の企業グループ次いで、1970年代の石油危機を契機とした相互依存関係の分業のネットワーク産業組織へと影響をおよぼしてきた。また、企業活動を行う者の多くは、インターネットによって結ばれることによって、集団間に架橋作用を及ぼし、幅広い結合と互酬性から社会的信頼の輪が生じてきたと説明される。社会的信頼と社会的責任は深く関係している。なぜなら、企業は社会的な責任を果たすことにより、社会からの信頼を得られると考えられるからである。

7-3 社会的なネットワークの観点からの要素

これまで述べてきたように、社会的ネットワークは、問題解決という社会的責任を果たす上において優位性があり、不正行為などの企業の不祥事案防止にも効果があり、個人や隣人の資源へのアクセスと、信頼、互恵性、コミュニティに対するアクセスを可能にする。そこで、企業市民の必要な要素は何かを、社会的ネットワークの観点から⑤関連業者ネットワークと、⑥社内ネットワークに着目してみたい。

第7章 「企業市民」の必要な要素は何か ―経営者・労働者・社会的ネットワークの視点から―

　前述の⑤について、たとえば、ある銀行がその地域あるいは県内の他の銀行や信用金庫などの金融機関と連携して金融防犯協議会を結成する。または、飲食店や遊技場が連携して暴力団追放連絡協議会を結成するなどして同じ業務を行う企業同士が連携して防犯的または、暴力団追放などの共通目的のために活動することが考えられる。同業者ネットワークを通じて、他の同業者に波及する恐れのある事案を早期に把握することが可能であり対策を立てることができる。例として、金融機関を利用したいわゆる特殊詐欺は、その手口情報をお互いの金融機関同士が共有しておけば、被害を減らすことができる。また、企業が総会屋から不当な圧力を受けた場合などに対しては、同業社同士が連携して対処することにより、業界から排除することが可能である。その結果、社会から信頼される企業活動を行うことができる。

　ここにおいて関連業者とは、企業の子会社や取引業などを含むものと解する。著作『道徳感情論（上）』の中でアダム・スミス（2003）は、「人間社会の全構成員は、相互の援助を必要としているし、同様に相互の侵害にさらされている。その必要な援助が愛情から、感謝から、友情と尊敬から相互に提供される場合には、その社会は、繁栄し、そして幸福である」（p.222）と述べている。関連業者ネットワークを通じた企業同士のお互いの協力関係は、社会にとって有益といえる。

　⑥について、企業で働く者は、上司や同僚、後輩と共に就労していることが多いが、常にその人間関係が良好であり問題ないということは少ないであろう。職場で働く者は、それぞれに個性を持っていて、相手の気持ちをよく理解して接する者もあれば、自分勝手に振る舞い上司の機嫌をとっているだけの者もいる。そもそも、人間は個性的なものであり、誰一人として同じものではないと考えれば、それは同然なことといえよう。企業で働く者にとって一番問題となることは、孤立 insolation することである。

　社会的ネットワークは、趣味が同じ者や意見が合う者同士を引き合わ

せて、人間関係の幅を広げていく。すなわち、職場の孤立は、社内ネットワークを通じて解消できるといえる。インターネットなどの通信手段が身近に普及している現代にあっては、メールやラインなどを上手に利用することによって、対面しなくとも自分の意見を同僚などに伝え、互いに助け合うことができる。個人的なことではなく、企業内で抱えている職場の問題についても同様である。

社内ネットワークを有効に活用することにより1つの部門で抱える懸案事項を他の部署と共有し、知恵を出し合って企業の社会責任を果たすことができると考えられる。(図3.「社会的ネットワークの観点からの要素」参照)

図3. 社会的ネットワークの観点からの要素

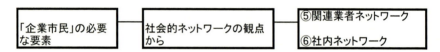

出所：筆者作成

第7節では、社会的ネットワークについて考えた。第一のネットワークは、相互の信頼関係がなければ社会的ネットワークは有効に機能しないことなどを述べ、本稿で社会的ネットワークを取り上げる理由を確認した。

第二の企業活動にネットワークはどのような影響を及ぼしているかについては、年代別にみた場合、明治維新直後の強い紐帯であった財閥組織から敗戦後の弱い連結の企業グループ次いで、1070年代の石油危機を契機とした相互依存関係の分業のネットワーク産業組織へと影響をおよぼしてきたことを確認し、企業活動を行う者の多くは、インターネットによって結ばれることによって、集団間に架橋作用を及ぼし、幅広い結合と互酬性から社会的信頼の輪が生じてきたことについて述べた。

第三の、社会的ネットワークの観点からの要素は、⑤関連業者ネット

ワークと、⑥社内ネットワークについて論じた。⑤は、同じ業務を担う企業同士が共通の問題に関して連携して行動すること。⑥は、企業で働く者にとって問題になる孤立を防止するために社内ネットワークを構築する重要性について述べた。

8　2つの事例の選定と概要

　第8節は、2つの事例の選定と事案の概要である。これまでに述べてきた企業市民の要素として選定したものが経営者・労働者の観点と、社会的ネットワークの視点から、実際に必要な要素といえるか。この点を検証するため、実際に起こった2つの事案に当てはめて分析することとした。まずは、2つの事例を選定した基準を述べ、その基準で取り上げた2つの事案の概要について紹介する。

　前者の選定基準は、第一に、最近起こった企業の不祥事案であること。第二に、企業の責任が問題になったものであること。第三に、第三者委員会などから調査報告書が公表されているものとしたことを述べる。同選定基準により本稿で取り上げる事案は、2019年9月の報道で明らかになった「関西電力の金品受領事案」と、2020年12月の「小林化工の睡眠剤混入事案」である。前者は、取引先企業との正常な関係を逸脱した責任、後者は、安全な医薬品を供給する責任を問われたものであり、共通する点として、経営陣のガバナンスが機能しなかったと指摘されたことを説明する。

8-1　2つの事例を選定した基準

　本研究に当たり2つの事案を選定した基準は、
　（1）最近発生した企業の不祥事案であること
　（2）企業の責任が問題となったものであること
　（3）第三者委員会などから調査報告書が公表されているもの
とした。同基準により選定したのが、2019年に発覚した「関西電力の金

品受領事案」と、2020年に表面化した「小林化工の睡眠剤混入事案」である。前者は、取引先企業との正常な関係を逸脱した責任、後者は、安全な医薬品を供給する責任を問われたものである。共通する点として、経営陣のガバナンスが機能しなかったと指摘されたことがあげられる。

前者は、「企業等不祥事における第三者委員会ガイドライン」[注8]に準拠して2020年3月14日付第三者委員会の調査報告書（概要版）が作成されており、後者は、概ね同ガイドラインに沿った形で2021年4月16日付特別調査委員会の調査結果報告書（概要版）が作成され、事案の原因、背景、再発防止策などがまとめられた内容となっている。

8-2 「関西電力の金品受領事案」

関西電力の役職員は、1987年に高崎町助役を退任したAから金品を受領するようになった。この事案は、同町の建設会社が国税当局の税務調査を受けたのを機に発覚し、2019年9月、報道で明らかになった。

同問題を調査した第三者委員会は、2020年3月に調査報告書を発表した。同報告書では、元助役Aまたは同氏と関係が深いとみられる企業から金品を受領した受領者の総数は75名、総額は約3億6,000万円相当に上ったとしている。[注9]

同事案は、当時の新聞などに大きく取り上げられて社会の批判を受けた。2020年6月2日、株主は、現旧の経営陣と監査役を相手取り約92億円の損害賠償を関西電力に支払うよう求める株主代表訴訟を大阪地裁に提起した。[注10]

8-3 「小林化工の睡眠剤混入事案」

2020年12月4日、小林化工（株）が製造販売する経口抗真菌剤（イトラコナゾール錠50mg）に睡眠剤が混入し、それを服用した患者に多数の健康被害が発生している事実が明らかになった。小林化工は、同日その薬品を自主回収することを決定し、公表した。小林化工は、外部の有

第 7 章 「企業市民」の必要な要素は何か ―経営者・労働者・社会的ネットワークの視点から―

識者により構成される特別調査委員会を設置することを決定し、同年 12 月 17 日その旨を公表した。(注11)

福井県は、2021 年 2 月 9 日同社に、医薬品医療機器法に基づき 116 日間の業務停止命令を出した。混入があったのは、2020 年 9 月から 12 月に約 9 万錠を出荷したもので、服用した 239 人が健康被害を訴え、2 人が死亡し、22 人が意識を失うなどして交通事故を起こした。同県は、7 割超の製品で虚偽の製造記録が作成されるなどの法令違反があり、経営陣が黙認していたと認定した。(注12)

第 8 節では、経営者・労働者の要素と、社会的ネットワークからの要素は、実際に必要な要素といえるかどうかを検証するため、第一に、取り上げた 2 つの事案の選定基準を説明した。その選定基準とは、①最近表面化した企業の不祥事案、②企業の責任が問題となったもの、③調査報告書が公表されているものの三項目である。

そして、同基準により取り上げた 2019 年の「関西電力の金品受領事案」と、2020 年に起こった「小林化工の睡眠剤混入事案」の概要について、公表された調査報告書などに基づき説明した。

9 考察

第 9 節は、考察である。第一に、2 つの事案の分析、第二に、比較検討して明らかになったこと、第三に、「企業市民」の要素の重要性について論述する。第一の点は、「関西電力の金品受領事案」と、「小林化工の睡眠剤混入事案」に経営者・労働者の観点から要素である①統合、②説明責任と、③主体的行動、④同調回避さらに、社会的ネットワークの視点からの要素⑤関連業者ネットワーク、⑥社内ネットワークを当てはめて分析した内容を述べる。前者事案について検証した結果は、①、④、⑥は重要であり、他の②、③、⑤については、要素として必要な事項であった。後者事案は、①、②、⑥は重要であり、③、④、⑤は基準として必要な事

223

項であった。

　第二の点は、両者を比較検討し同一点に注目した結果、両者は①から⑥までのすべてが必要な要素であった。よって、最も重要なことは、「企業市民」必要な要素は、経営者・労働者の観点から①統合、②説明責任、③主体的行動、④同調回避、社会ネットワークの視点から、⑤関連業者ネットワーク、⑥社内ネットワークのすべてが必要な要素であることが明らかになったことを確認する。

　第三の点は、前者事案は、一見以外性を感じるかもしれないが、実際的にはどのような企業にも起こり得る可能性がある事案と考えられること、後者事案は、調査報告書によれば、必要なのは、再発防止策ではなく製薬会社として新しく生まれ変わることだと指摘されたことを述べる。さらに、本研究で明らかになった「企業市民」の必要な要素は、他の企業の不祥事案防止にも適用可能であることを説明する。

9-1　2つの事案の分析

　「関西電力の金品受領事案」と、「小林化工の睡眠剤混入事案」に既述した経営者・労働者の観点からの要素である①統合、②説明責任と、③主体的行動、④同調回避さらに、社会的ネットワークの視点からの要素⑤関連業者ネットワーク、⑥社内ネットワークを当てはめて分析した。

　第一に、前者事案の分析結果である。前者に上述の①から⑥の要素を当てはめた結果、①について、同報告書は「関西電力の役職員が元助役Aから多額の金品の提供を受け取るとともに、同氏が指定する企業への強引な発注要求に応じるという異常な関係が30年以上もの長期間にわたって継続してきたことは、明らかなコンプライアンス違反であり、かつ、ガバナンスという観点からも極めて重大かつ深刻な事態であるといわざるを得ない」[注13]と指摘している。コンプライアンスの遵守は、企業市民として当然の義務であることから①は重要である。②は、関西電力の経営陣が本件問題を対外的に公表しないと決定したとあるが、本来で

第7章 「企業市民」の必要な要素は何か ―経営者・労働者・社会的ネットワークの視点から―

あれば社内で判明した段階で公表すべきであったと考えられる。③は、同報告書によれば「30年以上もの長期間にわたり、誰一人として元助役A氏と関西電力との間の異常な関係に対して声を上げる勇気を持てなかったことは、全くもって理解しがたい。」[注14]と指摘されていることから職員の主体的行動が欠けていたといえるのではなかろうか。④は、重要と判断される。同報告書は、「根本的な原因として、関西電力にはびこる内向きの企業体質（ユーザー目線の欠落と透明性の軽視）がある」[注15]と結論づけており、受領した役職員のほとんどが金銭受領という不適切なことに同調してしまったことが大きな要因と考えられる。⑤は、元助役A又は同氏と関係が深いとみられる企業から金品を受領していたのは、2つの子会社を合わせた3社の役職員が存在していたということからすれば、関西電力側が関連業者ネットワークを活用して同氏の動向を把握し、対策をとるべきではなかったかといえよう。⑥は、前述の③で説明した通り、同報告書で指摘されていることから重要といえる。

したがって、前者事案に選定した要素を当てはめて検証した結果、①、④、⑥は重要であり、他の②、③、⑤については、要素として必要な事項であった。

第二に、後者事案の分析の結果である。後者に①から⑥の要素を当てはめた結果、①は、同報告書が「経営陣が製造現場において、承認書と齟齬した製造がなされ、手順が管理されていない状況であることを認識しつつ、それを解消するために直ちに抜本的な措置を講じることなく放置していたことが根本的な原因というべきである」[注16]と指摘していたことから、医薬品の安全性の確保という社会的な責任を欠いたものとして重要である。②について、同報告書によれば「小林化工で発覚した多岐にわたるGMP違反は、これまでの福井県によるGMP適合性検査で発覚してこなかった。その大きな理由は小林化工による隠蔽工作が行われていたことである」[注17]と述べている。多くのGMP違反[注18]が隠蔽されていたことは、重要である。③は、一部の従業員による発信は行われた

ものの上司から取り上げられることはなかったということであるが、さらに踏み込んだ対応をとるべきではなかったか。④は、従業員の中には問題点を指摘した者もいたが、上長からの圧力によって表面化することはなかった。それらの原因は、長年にわたる小林化工の悪しき企業風土がもたらしたものと考えられる。仮に、③と④が実現されていれば、今回の問題は回避された可能性があると考えられる。⑤は、違法状態の是正を後回しにし、ひたすら生産の拡大にまい進し、その結果としてさらに違法状態を拡大させたということであり、小林化工販売など関連会社との情報交換と連携が行われていれば違った結果になっていたと言えよう。⑥は、同報告書において「本来三役の一角として当然把握してしかるべき情報の共有が図られていないことからしても、製販三役連絡会議は形骸化していたといわざるを得ない」[注19]と指摘されていることから重要である。

　よって、後者事案に選定した要素を当てはめて分析した結果、①、②、⑥は重要であり、③、④、⑤は基準として必要な事項であった。

9－2　比較検討して明らかになったこと

　次に、先述のとおり2019年の「関西電力の金品受領事案」と、2020年の「小林化工の睡眠剤混入事案」に当てはめて検証した内容に基づき両者を比較検討した。

　その結果、両者の相違点は、前者では、①、④、⑥が重要な事項であり、後者では、①、②、⑥が重要な事項であった。同一点は、前者と後者ともに重要な事項以外のものも必要な要素であると確認された。

　ここで注目すべき点は同一点である。整理してみると、前者は重要な事項とした①、④、⑥以外のものである②、③、⑤も必要な要素であり、後者は重要な事項とした①、②、⑥以外のものである③、④、⑤も必要な要素であった。このことは、両者が重要な事項とした要素に加えて、そうではないとした要素もまた必要な要素であったことを意味する。

第7章 「企業市民」の必要な要素は何か ―経営者・労働者・社会的ネットワークの視点から―

以上のことから、両者は①から⑥までのすべてが必要な要素であったといえる。したがって、最も重要なことは、「企業市民」必要な要素は、経営者・労働者の観点から①統合、②説明責任、③主体的行動、④同調回避、社会ネットワークの視点から、⑤関連業者ネットワーク、⑥社内ネットワークのすべてが必要な要素であることが明らかになった。(図4.『明らかになった「企業市民」に必要な要素』参照)

図4. 明らかになった「企業市民」に必要な要素

```
「企業市民」の必要 ─┬─ 経営者の観点から ───┬─ ①統合
な要素               │                     └─ ②説明責任
                     ├─ 労働者の観点から ───┬─ ③主体的行動
                     │                     └─ ④同調回避
                     └─ 社会的ネットワークの観点から ─┬─ ⑤関連業者ネットワーク
                                                    └─ ⑥社内ネットワーク
```

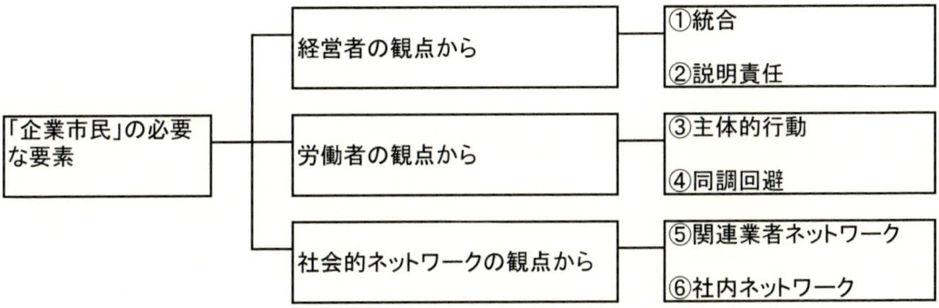

出所：筆者作成

9-3 「企業市民」の要素の重要性

本研究の過程において取り上げた「関西電力の金品受領問題」は一見意外性を感じるかもしれないが、決して特異なものではなく、実はどのような企業にも起こり得る可能性がある事案と考えられる。この問題が社会から大きく批判されたのは、利害関係を有する相手から挨拶などの儀礼名下に約30年間の長期にわたり多額の金品を受容したこと。さらに、多数の役職員が金品を受領した経緯をみても、受領を断ると恫喝するなどそれはおよそ社会常識とはかけ離れたものであったからである。同調査委員会が再発防止策として提言したという取引先関係者からの金品受領に関する明確なルール設定は、他の企業も参考とすべきである。

他方、「小林化工の睡眠剤混入事案」は、製造販売する経口抗真菌剤に睡眠剤を混入し重大な結果を起こした。同報告書は「再生のために」の

項目において、小林化工に必要なのは、再発防止策ではなく製薬会社として新しく生まれ変わることだと考えている。小林化工は、製薬企業としてのガバナンス体制が不在であったといわざるを得ないと指摘している。この内容から同事案の深刻さがうかがわれる。

本研究に立ちかえってみると、企業市民の必要な要素は、他の企業の不祥事案防止にも適用可能と考える。なぜならば、企業の不祥事案の根源には企業市民の要素が関係しているからである。

付言すると、今回取り上げた2つの事案のように不祥事案の形態によっては、重要となる要素が変わることを理解しておく必要がある。しかし、本件研究の結果明らかになったように企業市民の必要な要素は、①から⑥であるということは変わらないであろうという点について指摘しておきたい。

第9節の考察では、第一の、2つの事案の検証において「関西電力の金品受領事案」と「小林化工の睡眠剤混入事案」の事例に、経営者・労働者の観点からの要素である①統合、②説明責任と、③主体的行動、④同調回避、さらに、社会的ネットワークの視点からの要素である⑤関連業者ネットワーク、⑥社内ネットワークをそれぞれ当てはめ分析した結果を述べた。その内容は、前者事案は、①、④、⑥は重要であり、②、③、⑤は要素として必要な事項であった。後者事案は、①、②、⑥は重要であり、③、④、⑤は要素として必要な事項であったことを説明した。

第二の、比較検討して明らかになった最も重要なことは、①から⑥までの全てが基準として必要な要素であることを確認した。

第三の「企業市民」要素の重要性では、不祥事案の形態によっては、重要となる要素が変わるが、必要な要素は、①から⑥であるという点は変わらないことを述べた。

10　結論

　第10節は結論である。本研究のまとめとして整理したい。本研究の目的は、企業に求められる「企業市民」の必要な要素は何かを探求するものである。第一段階として、ISO26000に注目し、第二段階として社会的ネットワークの視点からアプローチした。その結果、経営者・労働者の観点から①統合、②説明責任、③主体的行動、④同調回避、さらに、社会的ネットワークの視点から⑤関連業者ネットワーク、⑥社内ネットワークの要素を選定した。

　第三段階は、①から⑥の要素を、2019年に発覚した「関西電力の金品受領事案」と、2020年に表面化した「小林化工の睡眠剤混入事案」に当てはめて分析した。

　第四段階として、両者事案を比較検討し、相違点と同一点を検討したところ、相違点は、前者事案の場合、①、④、⑥が重要、後者事案は①、②、⑥が重要であること。同一点は、他の要素も必要な要素であった。したがって、この同一点に注目した結果、本研究で明らかになった最も重要なことは、①から⑥までの要素すべてが必要な要素であると結論付けたことを述べる。

10－1　本研究のまとめ

　2019年の暮れに中国の武漢で確認された新型コロナの感染症が全世界に急速に拡大した背景には、人と物の流れが一段とグローバル化、多様化していることにも要因があると考えられる。その為、感染拡大は企業活動などの経済面に深刻かつ長期な影響を及ぼした。2024年に入るとこの新型コロナ感染症は、入国規制や国を挙げたワクチン接種などの諸対策により沈静化してきたといえる。こうした情勢の中で本件研究は、CSRの次のステップであり、市民の一員である企業の立場から社会的貢献を強調した企業市民に焦点を当てた。そして、企業に求められる「企業市民」の必要な要素は何かを、経営者・労働者の観点からさらに、社

会的ネットワークの観点から探ってみようとするものである。

　その第一段階として、2010年11月に正式発効された組織の社会的責任のガイドラインであるISO26000に注目し、第二段階として社会的ネットワークの視点からアプローチした。そして、経営者・労働者の観点から①統合、②説明責任、③主体的行動、④同調回避、さらに、社会的ネットワークの視点から⑤関連業者ネットワーク、⑥社内ネットワークという要素を選定した。

　第三段階として、①から⑥の要素を、2019年に発覚した「関西電力の金品受領事案」と、2020年に表面化した「小林化工の睡眠剤混入事案」に当てはめて検証した。その結果、前者事案は①、④、⑥が重要であり、②、③、⑤は必要な要素であった。後者事案は①、②、⑥が重要であり、③、④、⑤は必要な要素であった。第四段階として、両者を比較検討し、相違点と同一点を検討したところ、相違点は上述のとおり前者事案の場合、①、④、⑥が重要、後者事案は①、②、⑥が重要であること。同一点は、他の要素も必要な要素であった。

　したがって、本研究で明らかになった最も重要なことは、①から⑥までの要素すべてが必要な要素であると結論付けた。

　本研究の目的に沿った説明をすると、「企業市民」の必要な要素は、経営者・労働者の観点から、①統合、②説明責任、③主体的行動、④同調回避、社会的ネットワークの視点から⑤関連業者ネットワーク、⑥社内ネットワークということである。

　補足するならば、「企業市民」の必要な要素である①から⑥は、今回取り上げた2つの事例以外のほかの企業の不祥事案に対しても適用可能と考える。なぜならば、企業の不祥事案の形態はさまざまであるが、根源的なものは変わらないと考えるからである。

終 章

本書の結論

終章では、企業の身近な危機管理として述べてきた第1章から第7章までの全体的な結論として、第一、本書全体の要約と本稿の意図、第二、本書の研究で分かったことと新規性について、第三、本書の特徴を述べていきたい。前述の第一は、第1章から第7章まで研究を通じて論じてきた全体の内容を振り返って要約し、本稿の意図を述べる。

　第二は、第1章から第7章まで研究して明らかになった点と、本論の新規性は何かを説明する。

　第三は、本書の特徴について、(1) 本稿のテーマは、企業などの危機管理に焦点を合わせたこと、(2) 企業などの組織がかかえる身近な問題を取り上げたこと、(3) それぞれのタイトルに関係する問題提起として二項目を考えたこと、(4) 研究方法は、実際に起こった事例を取り上げ比較検討したことを論述する。

1　本書全体の要約と本稿の意図

　本稿の各章の共通のテーマは、企業の危機管理に関する論文であるという点である。企業などの組織では、不祥事や事故が繰り返し起こっており、それは企業などの危機としてとらえられる。そして、その危機対応いかんによっては、当該企業組織の存続にかかわる問題となり、さらには従業員や顧客など人の生命、身体に多大の影響を及ぼすという重大な面を持っている。そこで本書では、企業の身近な危機管理に焦点を当てて研究していくこととした。

　第1章は、企業の危機管理責任の根拠は何かについて議論した。危機管理責任は、どのようにして生じたか、原因は何かという観点から、第一に、「組織的なもの」、第二に、「事物的なもの」、第三に、「社会的信頼」、第四に、「経営者個人」に区分し、実際に起こった2つの株主代表訴訟の裁判事例に分析基準を設定して分析した。その結果、危機管理責任の根拠は、「社会的信頼」であることが明らかになった。

　第2章は、いわゆるカスハラの正当性の限界について考えた。初めに、

終章　本書の結論

　カスハラの責任追及は、第一に、「刑罰法令に抵触した場合」、第二に、「他人の権利・利益を侵害した場合」、第三に、「社会的相当性を逸脱した場合」、第四に、「受忍限度を超えた場合」に分類されると考えた。次に、分析基準を定めて2つの裁判事例に当てはめ分析した。その結果、カスハラの正当性の限界は、「社会的相当性を逸脱した場合」であると結論付けられた。

　第3章は、いわゆるパワハラにおける違法性の要素は何かを探求した。第一段階は、2人の精神科医の主張から「パワハラは、精神な人格権を侵害する」という仮説を立てた。第二段階は、パワハラに関する裁判事例として2つの事件を取り上げ、分析基準として設定した三項目を当てはめ分析したところ、上述した仮説と符合することが判明した。よって、パワハラの違法性の要素は、精神的な人格権を侵害することであると論じた。

　第4章は、津波災害において管理者に求められる責任を探るものである。この章では、東日本大震災の津波により犠牲になった遺族が提起した2つ裁判事例を比較検討し、裁判所が指摘した津波災害において管理者に求められるものは、想定外の津波に備えることであるという指摘から、想定外の津波に備えることを怠った場合に問われる責任は何かを考察し、ドラッカーなどの主張から「社会影響責任」を導き出した。次に、想定外の津波を「社会影響責任」の概念に当てはめ対比した。その結果、管理者に求められる責任は、想定外の津波に備える責任を内在する「社会影響責任」であることがわかった。

　第5章は、施設事故の際に適用される土地工作物責任の成立要件である瑕疵の重要な要素は何かを探求するものである。この究明のために、土地工作物責任をめぐって争われた2つの事件を取り上げ、比較検討することとした。分析基準として設定した第一に、事件の兆候はあったか、第二に、違法性の判断で重視したものは何か、第三に、事故の誘因となったものは何かの三項目を事件に当てはめて分析し、上述の第二の点に注

目して検証したところ、瑕疵の重要な要素は、建物構造や設備などの土地工作物の安全性の高さであることが明らかになった。

第6章は、近隣騒音にスポットを当て、違法性の判断で適用される受忍限度の重要な要素は何かを探った。研究方法は、2つの近隣騒音について争われた2つの事件を取り上げ、分析基準として設定した第一に、騒音の発生源は何か、第二に、騒音の程度はどうか、第三に、加害者の損害回避措置はどうかを当てはめて分析し、上述の第三に注目した結果、受忍限度を判断する重要な要素は加害者の損害回避措置であることが確認された。この章では、近年問題になっている子供の声と騒音について論じた。

第7章は、「企業市民」の必要な要素は何かを、経営者・労働者・社会ネットワークの観点から探るものである。研究の取り組みは、第一段階では、国際規約であるISO26000に着目して、経営者と労働者の観点から①統合、②説明責任、③主体的行動、④同調回避の要素を選定し、社会的ネットワークの観点から⑤関連業者ネットワーク、⑥社内ネットワークの要素を抽出した。第二段階は、それらの要素を実際に起こった2つの事例に当てはめて分析した。その結果、最も重要な要素は、前述の①から⑥の要素すべてであることが立証されたことを述べた。

2　本書の研究で分かったことと、新規性について

前者は、第1章では、危機管理責任の根拠は、社会的な影響を重視する「社会的信頼」であることが分かった。換言するならば、企業の不祥事案などは、誤った社会的信頼の解釈から起こっているということである。組織の管理者は危機に直面した時には、「社会的信頼」を正しく理解し、危機管理責任を逸脱しないように配意して適切に対処しなければならいことが確認された。

第2章は、いわゆるカスハラの正当性の限界は、「社会的相当性を逸脱した場合」であることが判明した。言い換えれば、カスハラが違法と判

断されるのは、社会的相当性を逸脱したと判断される場合であるということである。企業管理者は、悪質クレーム（カスハラ）の内容が社会的相当性を逸脱しているかどうかを適切に判断して、毅然として対応する必要がある。

　第3章では、いわゆるパワハラについて論じたが、パワハラを違法とする要素は、精神的な人格権であることが明らかになった。パワハラは、精神的な人格権を侵害し、憲法に規定する個人の尊重に反するものであることが分かった。

　第4章は、津波災害で管理者に求められる責任は、想定外の津波に備える責任を内在する「社会影響責任」であることが明らかになった。企業などの管理者には、予想外の津波に備える危機管理を適切に行って「社会影響責任」を果たすことが重要であることを主張した。

　第5章では、施設事故が起こった場合に適用される土地工作物責任について、要件である瑕疵の重要な要素は、建物構造や施設などの安全性の高さであることが分かった。この研究から施設管理者には、構造物などが適切な安全性を保っているか確認する重要性が理解できると考える。

　第6章は、近隣騒音の際に適用される受忍限度を判断する重要な要素は加害者側の損害回避措置であることが判明したことを述べた。換言すると、近隣騒音で大事なことは、加害者側が損害回避措置をどの程度行ったが重要ということである。この章では、子供の声と騒音は区別すべきであると主張した。

　第7章では、「企業市民」として必要な要素は、経営者と労働者の観点からと、社会的ネットワークからの観点から、統合・説明責任・主体的行動・同調回避そして、関連業者ネットワーク・社内ネットワークが特に必要な要素であることが分かった。本研究から、「企業市民」の重要性と、前述の6つの要素に配意することの必要性が理解された。

　後者の本論の新規性は、第1章の先行研究で述べてきたとおり、危機

と危機管理についての論文と文献は多数発表されているが、危機管理責任についての研究は進んでいないことが確認された。そこで本稿では、企業などの危機管理をテーマとして危機管理責任を深く議論し、企業の身近な危機管理としていわゆるカスハラ・パワハラ・津波災害・施設事故・近隣騒音と子供の声と騒音そして「企業市民」に焦点を当て、それぞれの重要な要素は何かを探求した。

　第1章から第7章までの当該研究で明らかになった内容は、各章で掲げたテーマの問題を解決するヒントとなり、企業などの不祥事や事故の減少に寄与できると考える。

3　本書の特徴

　本書の特徴について言及すると、第一に、取り上げた共通のテーマとして、企業など組織の危機管理に焦点をあわせたこと。第二に、企業などの組織がかかえる身近な問題を取り上げたこと。第三に、それぞれのタイトルに関係する問題提起、二項目について考えたこと。第四に、研究方法は、実際に起こった事例を取り上げて比較分析したことである。

　初めに、研究論文の共通テーマは、企業など組織の危機管理という分野であるという点を再確認しておきたい。この分野を選択した理由、それは、私がこれまで社会人として歩んできた中で強く感じたこととして、会社や役所などの組織において事故や不祥事に直面した際、その対応の成否が、組織の存続や人の生命・身体に大きな影響を及ぼすことが多いからである。では、どのような問題が本書の危機管理として登場してくるか。それは、第二の説明である。端的にいうならば、第1章と第7章は、総論的なものとして、危機管理責任と、近年注目されている「企業市民」について論じた。第2章から第6章までは、各論的な内容であり、近年社会問題になっているカスハラ・パワハラ・津波災害・施設事故・近隣騒音をテーマしたものである。この近隣騒音では、子供と騒音について議論したことが注目点である。

終章　本書の結論

　第三は、これら第1章から第7章までのタイトルに関係する問題提起としてそれぞれ二項目を取り上げ、関係する判例や学説などを交えて説明した。
　第四は、研究方法に関する内容である。本稿では、各章のタイトルに沿ったもので、実際に起こった事件をめぐる民事裁判の中から、企業が関係する興味深い裁判例、または、最近企業で起こった不祥事案で第三者委員会等から公表された2つの事例を取り上げ、その事例に選定した分析基準を当てはめて分析するという方法をとった。
　以上が本書の特徴である。付言すると、各章の順序は執筆した順にしたがって掲載したことを申し添える。

注と参考文献

第1章

注

注1）「大和銀行ニューヨーク支店株主代表訴訟」．(大阪地裁H12.9.20)．判例時報．1721号, p.3.
注2）「アパマンショップ株主代表訴訟」．(最高裁H22.7.15)．判例タイムズ．1332号, p.50.
注3）広辞苑．第7版, 岩波書店, 2018. p.1629.
注4）「ダスキン株主代表訴訟」．(大阪高裁H18.6.9)．判例タイムズ．1214号, p.151.
注5）危険責任は、危険な物を管理する者が損害賠償責任を負うべきであるという考え方である。換言すれば、自ら危険を作り出した者は、その危険について絶対的な責任を負うべきこととなる。報償責任は、「利益のあるところに損失も帰する」という言葉で表される。利益を上げる過程において他人に損害を与えた者はその利益の中から損害を賠償するのが公平に敵するという考え方である。信頼責任は、例えば、製造物責任法における表示製造業者は、製造物についての性能や安全性を保障、信頼を付与したことに対して責任を負担しなければならないとするものである。
法学セミナー．2023.7. 日本評論社．p.7-31.
注6）民法709条(不法行為による損害賠償)．
注7）グリーンメーラー（greenmailer）とは、会社の株式を買い集め、高値で引き取りを迫ることを意味するグリーンメールから生じた。
英語で脅迫状のことをブラックメールというが、ドル紙幣の色が緑色なのをひっかけた表現と言われる。
経済新語辞典．2002版, 日本経済新聞社．
注8）「蛇の目ミシン株主代表訴訟」．(東京地裁H13.3.29)．判例時報．1750号, p.78.
注9）「蛇の目ミシン株主代表訴訟」．(最高裁H18.4.10)．金融・商事判例．1249号, p.36.
注10）「蛇の目ミシン株主代表訴訟」．差し戻し控訴審．(東京高裁H20.4.32)．金融・商事判例．1292号, p.59.
注11）「ダスキン株主代表訴訟」．(大阪地裁H16.12.22)．判例時報．1892号, p.136.
注12）「ダスキン株主代表訴訟」．(大阪高裁H18.6.9)．判例時報．1979号, p.153.
注13）前掲．判例時報．1979号, p.151.
注14）前掲．金融・商事判例．1292号, p.53.
注15）前掲．判例時報．1979号, p.155.

参考文献

石井智弥．「スタルクの民事責任論と不法行為責任の根拠」．『茨城大学人文学部紀要, 社会科学論集 (49):1-16』．2010.
石本雅男．『過失責任と無過失責任』．日本評論社, 1950.

イマヌエル・カント.『カントと責任論』. 日本カント協会編, 理想社, 2004.
奥村　宏.『会社はなぜ事件を繰り返すのか』. 岩波書店, 2006.
大泉光一.『危機管理学総論』. ミネルヴァ書房, 2006.
大庭　健.「責任」.『事典哲学の木』. 講談社, 2002.
木ノ元直樹.『PL法（製造物責任法）の知識とQA』. 法学書院, 2004.
厚東偉介.『社会的責任論の現状とステークホルダー概念の淵源について』. 商学研究科紀要, 2013.
國廣　正.『なぜ企業不祥事はなくならないのか』. 日本経済新聞社, 2005.
首藤信彦.『巨大リスク時代の危機管理』. 講談社, 1990.
鈴木幸毅, 百田義治.『企業社会責任の研究』. 中央経済社, 2008.
武井　勲.『不祥事はなぜ繰り返されるのか』. 扶桑社, 2007.
デービットボーゲル；小松由紀子ほか訳.『企業の社会的責任(CSR)徹底研究』. オーム社, 2007.
P.F.ドラッカー；上田惇生訳.『マネジメント基本と原則』. ダイヤモンド社, 2002.
P.F.ドラッカー；有賀裕子訳.『マネジメント務め・責任・実践Ⅱ』. 日経BP社, 2008.
P.F.ドラッカー；上田惇生訳.『プロフェッショナルの原点』. ダイヤモンド社, 2008.
並木俊守.『アメリカにおける取締役の経営責任の法理』. 中央経済社, 1983.
林　春男ほか.『組織の危機管理入門』. 丸善株式会社, 2008.
ハンス・ヨナス；加藤尚武監訳.『責任という原理』. 東信堂, 2000.
本位田正平, 野口和彦.『そこが知りたい危機管理』. オーム社, 1996.
明　泰淑.「日本企業の意思決定と危機管理の現状と課題」.『産研論集 No.42・43』. 2012.

第2章

注

注1）暴力、威力と詐欺的手法を駆使して経済的利益を追求する集団又は、個人である。「反社会的勢力」をとらえるに際しては、暴力団、暴力団関係企業、総会屋、社会運動標ぼうゴロ、政治活動標ぼうゴロ、特殊知能暴力集団等といった属性要件に着目するとともに、暴力的な要求行為、法的な責任を超えた不当な要求といった行為要件にも着目することが重要である。
法務省.「企業が反社会的勢力による被害を防止するための指針について」, (H19.6.19) 犯罪対策閣僚会議幹事会申合せ.
〈http://www.moj.go.jp/keiji1/keiji_keiji42.html〉, (参照 2024-05-11).

注2）広辞苑. (第7版), 岩波書房, 2018. p.829-874.
注3）日本語大辞典. (第2版), 小学館, 2001.
注4）法令用語辞典.〈第10次改定版〉, 学陽書房, 2016.
注5）前掲. 広辞苑. p.874.
注6）「事業主が職場における優越的な関係を背景とした言動に起因する問題に関して雇

用管理上講ずべき措置等についての指針」、（令和2年厚生労働省告示第5号）．
注7）労働契約法第5条（安全配慮義務）、「使用者は労働契約に伴い、労働者がその生命身体等の安全を確保しつつ労働ができるように必要な配慮をするものとする」．
注8）厚生労働省．「カスタマーハラスメント対策企業マニュアル」、2022.
〈https://www.mhlw.go.jp/content/11900000/000915233.pdf〉, (参照 2024-02-14)．
注9）前掲．「カスタマーハラスメント対策企業マニュアル」．p.1.
注10）UAゼンセン．悪質クレーム対策（迷惑行為）アンケート調査結果. 2020.
〈https://uazensen.jp/wp-content/uploads/2020/12/〉, (参照 2024-02-20)．
注11）厚生労働省．「心理的負荷による精神障害の労災認定基準の改正」．
〈https://www.mhlw.go.jp/stf/newpage_34888.html〉, (参照 2024-02-20)．
注12）法律用語辞典．（第5版）, 有斐閣, 2020. p.573.
注13）前掲．p.538.
注14）前掲．「カスタマーハラスメント対策企業マニュアル」．p.16.
注15）「豊和事件」．労働判例．No.1222号, p.21.
注16）「美容師クレーム事件」．（神戸地裁 H22.10.7）．判例時報. 2119号, p.95-100.
注17）「セコムクレーム事件」．（東京地裁 H27.12.17）．DI-Law.com. 判例ID, 29016075, p.1-4.
注18）前掲．判例時報. 2119号, p.100.
注19）前掲．
注20）前掲．DI-Law.com. 判例ID, 29016075, p.4.
注21）前掲．
注22）「建築物撤去等請求事件」．（最高裁 H18.3.30）．民集第60巻3号, p.948.

参考文献

援川　聡．『クレーム処理のプロが教える断る技術』．幻冬舎, 2004.
大井哲也ほか．『暴力団排除条例ガイドブック』．レクシスネクシス・ジャパンKK, 2011.
神澤佳子．「消費者相談から見る消費社会の変容と消費生活センターの役　その1」．『甲子園短期大学紀要32』. 2014, p.37-49.
紀藤正樹．『理不尽な要求を黙らせるクレーム対応術』．KK神宮館, 2016.
三枝　有．「可罰的違法性論と社会的相当性論」．『中京大学大学院生法学研究論集4』. 1984, p.1-21.
佐藤孝幸．『クレーム対応処理完全実務マニュアル』．日本法令, 2010.
佐藤知恭．『体系：消費者対応企業戦略』．デジタルパブリッシングサービス, 2001.
下島和彦, 越野裕子．『苦情対応マニュアル・手順の作り方』．日科技連出版社, 2001.
関根眞一．『苦情学クレームは顧客からの大事なプレゼント』．恒文社, 2006.
常松　淳．『責任と社会』．勁草書房, 2009.
西山雅明．「社会的相当性の理論：ヴェルツェルをめぐって」．『西南学院大学法学論集1(1)』. 1968, p.165-216.

林田　学, 川口哲史.『クレーム対応マニュアル』. PHP研究所, 1999.
深澤直之.『悪魔の呪文誠意を示せ！』. 東京法令出版, 2007.
平野鷹子.『私たちの消費者法（3訂版）』. 法律文化社, 2002.
深澤直之.『医療現場のクレーマー撃退法』. 東京法令出版, 2012.
堀切忠和.『教職員のための学校の危機管理とクレーム対応』. 日本加除出版, 2013.
間川　清.『クレーム対応基本と実践』. 同文館出版, 2014.
横山雅文.『プロ法律家のクレーマー対応術』. PHP研究所, 2008.

第3章
注
注1）パワーハラスメントとは、和製語、職場で上司がその地位や権限を利用して部下に行ういじめや嫌がらせ、パワハラ。
広辞苑.（第6版), 岩波書店, 2008.
注2）厚生労働省.「あかるい職場応援団　データーで見るパワハラ」.
〈https://www.noharassment.mhlw.go.jp/foundation/statistics/〉,（参照 2021-04-20）.
注3）前掲.
注4）「電通事件」.（最高裁 H12.3.24）. 最高裁民事判例集 54 巻 3 号, p.1146.
注5）「労働施策総合推進法」. 六法全書（令3年版）Ⅱ, 有斐閣, p.4580.
注6）「パワハラ防止指針」. 前掲. p.4584.
注7）前掲. p.4585.
注8）「労働施策総合推進法」. 前掲. p.4582.
注9）モラルハラスメントとは、和製語、言葉や態度などによる精神的な嫌がらせ・虐待、モラハラ。
広辞苑.（第7版), 岩波書店, 2018.
注10）法的保護の対象となる人格的利益を総称して人格権と呼ぶ。
法律学小辞典.（4版補訂版), 有斐閣, 2008.
注11）「電通事件」.（最高裁 H12.3.24）. 判例六法.（平成26年版), 有斐閣, p.1981-1982.
注12）2012年度に行った職場のパワハラに関する実態調査の結果から、パワハラの6類型別では、精神的な攻撃が55％と最も多く、次いで過大な要求（28.7％）人間関係からの切り離し（24.7％）となっていると指摘。
新垣真理.「職場のパワーハラスメント対策」.『保健の科学』. 第57巻5号, p.299.
注13）「大阪空港公害訴訟事件」.（大阪高裁 S50.11.27）. 判例時報. 797号, p.71.
注14）「サン・チャレンジほか事件」.（東京地裁 H26.11.4）. 判例時報. 2249号, p.54-64.
注15）「ザ・ウィンザー・ホテルズインターナショナル事件」.（東京地裁 H24.3.9）. 労働法律旬報. 1788号, p.30-37.
注16）「ザ・ウィンザー・ホテルズインターナショナル事件」.（東京高裁 H25.2.27）. 労働

判例. 1072号, p.5-19.
注17)「地公災基金愛知支部長事件」. (名古屋高裁H22.5.21). 労働判例. 1013号, p.113-115.

参考文献
新垣真理.「職場のパワーハラスメント対策」.『保健の科学』. 第57巻5号, 2015, p.297-303.
五十嵐清.『人格論』. 一粒社, 1989.
大和田敢太.『職場のいじめと法規制』. 日本評論社, 2014.
岡田康子.『許すな！パワー・ハラスメント』. 飛鳥新社, 2003.
磯村　大.『パワハラにあったときどうすればいいかわかる本』. 合同出版, 2014.
イマヌエル・カント；篠田英雄訳.『道徳形而上学原論』. 岩波書店, 2002.
小笠原耕司ほか.『職場のハラスメント実務対応Q&A』. 清文社, 2016.
斉藤　博.『人格権法の研究』. 一粒社, 1979.
笹川尚人.『それパワハラです』. 光文社, 2012.
手島　孝監修.『新基本憲法学』. 法律文化社, 2002.
中井智子.『職場のハラスメント適正な対応と実務』. KK労務行政, 2015.
中窪裕也.「ハラスメント法制の歩みと課題」.『ジュリスト』. 2020, No.1546, p.27-32.
ノア・ダベンポートほか；小川晴夫ほか訳.『職場いびり−アメリカの現から−』. 緑風出版, 2002.
原　昌登.「ハラスメントとは」.『ジュリスト』. 2019, No.1530, p.37.
原　昌登.「ハラスメントの定義と課題」.『ジュリスト』. 2020, No.1546, p.15.
水谷英夫.『改訂、予防・解決職場のパワハラ・セクハラメンタルヘルス』. 日本加除出版 (KK), 2016.
マリー＝フランス・イルゴイエンヌ；高野　優訳.『モラル・ハラスメント−人を傷つけずにはいられない』. 紀伊國屋書店, 1999.
マリー＝フランス・イルゴイエンヌ；高野　優訳.『モラル・ハラスメントが人も会社もダメにする』. 紀伊國屋書店, 2003.
山本健司.「『パワハラ』を「しない、させない」職場にするために」.『経営法曹』. 2015, No.186, p.1-7.
山崎文夫.「セクシャルハラスメントと人格権アプローチ」.『比較法』. 2003, (40), p.287-318.
涌井美知子.『職場のいじめとパワハラ防止のヒント』. 経営書院, 2010.

第4章

注
注1)警察庁.「東日本大震災と警察」.『焦点』. 2012. 第281号, p.2.
注2)「大川小学校事件」. (仙台高裁H30.4.26). 判例時報. 2387号, p.66.
注3)「七十七銀行女川支店事件」. (仙台地裁H26.2.25). 判例時報. 2217号, p.85.
注4)「幼稚園園児送迎バス事件」. (仙台地裁H25.9.17). 判例時報. 2204号, p.85.

注5）前掲.
注6）津波とは、地震発生により、海底の隆起や沈降が起こり、その上の海水や湖水が乱され、水の波（長波）となって四方に伝わり、海岸で異常な大津波となる現象を津波という。現在では津波は国際用語になっておりtsunamiとして最も多く用いられている。日本被害津波総覧. 東京大学出版, 1995.
注7）「釜石の奇跡」とは、防災研究者の片田敏孝が『子どもたちに「生き抜く力」を』の著書の中で紹介している事例である。彼は、2004年から釜石市の小中学校で津波防災教育に取り組んでいた。その指導を実践した岩手県釜石市立釜石中学校と、隣接している同市立鵜住居小学校の児童、生徒が東日本大震災の際、自らの判断で自主的に避難し、襲来した津波から自分たちの命と住民の命を守ったというもの。(片田, 2012).
注8）「七十七銀行女川支店事件」.（仙台地裁 H26.2.25）. 判例時報. 2217号, p.74.
注9）「七十七銀行女川支店事件」.（仙台高裁 H27.4.22）. 判例時報. 2258号, p.68.
注10）「自動車教習所事件」.（仙台地裁 H27.1.13）. 判例時報. 2265号, p.69.
注11）「自動車教習所事件」. ジュリスト. 1514号, p.114.
注12）前掲. 判例時報. 2258号, p.72.
注13）前掲. 判例時報. 2265号, p.84.
注14）前掲. 判例時報. 2258号, p.75.
注15）前掲. 判例時報. 2265号, p.86.
注16）前掲. 判例時報. 2258号, p.78.
注17）前掲.
注18）法律学小辞典.（第4版補訂版）, 有斐閣, 2008.
注19）陸上自衛隊八戸車両整備工事事件」.（最高裁S50.2.25）. Westlaw Japan, 1975WLJPCA 02250002, p.2.

参考文献
伊藤和明.『日本の津波』. 岩波書店, 2011.
片田敏孝.『人が死なない防災』. 集英社, 2012.
川島秀一.『津波のまちに生きて』. 冨山房インターナショナル, 1012.
河田恵昭.『津波災害』. 岩波書店, 2010.
首籘伸夫ほか.『津波の辞典』. 朝倉書店, 2007.
P.F.ドラッカー；上田惇生訳.『マネジメント基本と原則』. ダイヤモンド社, 2002.
ハンス・ヨナス；加藤尚武監訳.『責任という原理』. 東信堂, 2000.
広瀬弘忠.『人はなぜ逃げおくれるか』. 集英社, 2004.
福田和代.『釜石の奇跡』. 株式会社イーストプレス, 2015.
堀井秀夫, 奈良由美子.『安心・安全と地域マネジメント』, 2014.
森　津太子, 星　薫.『危機の心理学』. 放送大学振興会, 2017.
柳田邦男.『想定外の罠』. 文藝春秋, 2011.

第5章

注

注1）（大判 S3.6.7）．民集 7．p.443．
注2）（名古屋地裁 S.37.10.12）．判例時報．313 号，p.4．
注3）（広島地裁 S42.8.22）．判例時報．506 号，p.52．
注4）（福岡高裁 S55.7.31）．判例時報．992 号，p.71．
注5）（福岡地裁 S50.3.1）．判例タイムズ．319 号，p.105．
注6）（東京高裁 S29.9.30）．下民集 5 巻 9 号，p.1646．
注7）（最高裁 H5.3.30）．民集 47 巻 4 号，p.3226．
注8）「介護施設における入所者転倒事故事件」．（福島地裁白川支部 H15.6.3）．判例時報．1838 号，p.116．
注9）「保育園屋上駐車場からの車両転落事故事件」．（名古屋地裁 H17.3.29）．判例時報．1898 号，p.87．
注10）「保育園屋上駐車場からの車両転落事故事件」．（名古屋高裁 H18.2.15）．判例時報．1948 号，p.84．
注11）前掲．判例時報．1838 号，p.121．
注12）前掲．判例時報．1948 号，p.95．
注13）前掲．判例時報．1898 号，p.100．
注14）（福岡高裁 H19.3.20）判例時報．1986 号，p.60．

参考文献

有泉　亨監修．『現代損害賠償法講座6』．日本評論社，1980．
五十嵐　清．「工作物責任」．『法律時報』．49 (4)，1977．
北河隆之，柳　憲一郎．『判例に見る工作物・営造物責任』．新日本法規，2005．
松本克美．「土地工作物責任における第一次的所有者責任・第二次的占有者責任の可能性」．『立命館法學』．立命館大学法学会編，p.459．2008．
目崎哲久．「工作物責任法理の交錯」．『法律時報』．49 (1)，1977．

第6章

注

注1）受忍限度とは、騒音・ばい煙・日照権侵害などの公害や生活妨害型の不法行為において、違法性を判断する方法ないし基準。
法律学小辞典．第 5 版，有斐閣，2020．
注2）「工場の騒音事件」．（最高裁 H6.3.24）．判例時報．1501 号，p.98．
注3）「保育園騒音事件」．（大阪高裁 H.29.7.18）．D1-Law.com．判例 ID，28253120，p.19．

注4)「大阪空港公害訴訟事件」.(最高裁 H56.12.16). 判例時報. 1025号, p.54.
注5)騒音用語辞典. オーム社, 1976.
注6)環境庁.「生活騒音の現状と今後の課題」. 昭和58年9月,
〈https://www.env.go.jp/air/ippan/kinrin/attach/1983_09.pdf〉,(参照2020-11-15).
注7)環境省.「令和4年度騒音規制法等施行状況調査の結果について」. 令和6.2, p.2.
〈https://www.env.go.jp/content/000203193.pdf〉,(参照2024-04-10).
注8)ベーシック環境六法. 九訂, 第一法規, 2020.4.
注9)法律学小辞典. 第5班, 有斐閣, 2020.2.
注10)「大阪空港公害訴訟事件」.(最高裁S56.12.16). 民集35巻10号, p.1388.
注11)「工場の騒音事件」.(最高裁 H6.3.24). 判例時報. 1501号, p.98.
注12)仲村　剛.「保育所開設近隣に配慮」. 読売新聞. 2017-11-12, 朝刊, p.32.
ヨミダス歴史館,(参照2020-11-08).
注13)東京都.「都民の健康と安全を確保する環境に関する条例の一部を改正する条例」.
2015.3.31公布.
〈https://www.kankyo.metro.tokyo.lg.jp/basic/guide/compare/security_ordinance〉,
(参照2024-04-25).
注14)「保育園騒音事件」.(大阪高裁 H29.7.18). D1-law.com. 判例1D, 28253120, p.21.
注15)「スポーツ施設騒音事件」.(さいたま地裁 H24.2.20). 判例時報. 2153号, p.73.
注16)前掲. 判例時報. 2153号, p.82.
注17)「保育園騒音事件」.(神戸地裁 H29.2.9). D1-law.com. 判例ID, 28250691, p.2.
注18)前掲. D1-law.com. 判例ID, 28250691, p.13.
注19)前掲. D1-law.com. 判例ID, 28253120, p.22.
注20)「保育園騒音事件」.(最高裁 H29.12.19). D1-law.com. 判例ID, 28281411, p.14.
注21)前掲. 判例時報. 2153号, p.78.
注22)前掲. D1-law.com. 判例ID, 28253120, p.21.
注23)前掲. 判例時報. 2153号, p.82.
注24)前掲. D1-law.com. 判例ID, 28250691, p.12.
注25)前掲. D1-law.com. 判例ID, 28253120, p.21.

参考文献

石上敬子.「ドイツにおける児童騒音訴訟に関する一考察：連邦イミシオン防止法における特権化の意義」.『同志社法学』. 2017, 68 (7), p.3059-3078.
井上繁規.『受忍限度の理論と実務』. 新日本法規出版, 2005.1.
亀井隆太.「校庭開放時の騒音に関する損害賠償請求控訴事件」.『判例地方自治』. 2020, 456号, p.62-65.
久我新一.「近隣騒音の現状と課題」.『騒音制御』. 日本騒音制御工学会, 5号, 1981.
後藤　劭.「近隣騒音の歴史－外国における規制と判例－」.『騒音制御』. No.5, 1981. p.246-232.

後藤　粥.『判例にみる生活騒音の実態と対策』. 井上書院, 1987.7.
ジャン・シャザル；清水慶子, 霧生和夫共訳.『子供の権利』. 白水社, 1973.3.
末岡伸一.『環境騒音のはなし』. 技報堂, 2018.9.
野田愛子.『騒音の違法性とその具体的基準について』.『判例タイムズ』. 15 (2), 1964, p.184-195.
野田愛子.「騒音・振動判例における法的論点の推移」.『ジュリスト』. No.390, 有斐閣, 1968, p.36-43.
松本　博.「騒音被害と受忍限度のバランス－企業責任の考え方－」.『久留米大学法学』. No.65, 2013, p.138-118.
宮城道雄.『騒音』. 第7版, 三笠書房, 1936.6.
村重慶一.「空港設置管理の瑕疵と危険接近の理論」.『法律のひろば』. 1976, 29 (3), p.37-33.
渡邉斉志.「ドイツ　子どもが発する騒音の特別扱い」.『ジュリスト』. No.1424, 有斐閣, 2011, p.87.

第7章

注

注1）企業市民 (corporate citizen) とは、企業に対し、市民として社会的責任 (CSR) を果たすよう求める考え方から生まれた言葉。企業には、事業活動のみならず、良き市民として地域社会の発展や環境、教育、文化などの分野で積極的に貢献していく発想が求められる。
『経済・ビジネス基本用語4000語辞典』. 日本経済新聞社, 2009. p.104.

注2）コンプライアンス (compliance) とは、企業が事業活動を展開する上で、法律などの法令や社会規範を守ること (法令遵守) である。
前掲.『経済・ビジネス基本用語4000辞典』, p.194.

注3）令和元年版, 消防白書概要. 消防庁. 2020, p.1.
〈https://www.fdma.go.jp/publication/hakusho/r1/items/r1_gaiyou.pdf.〉.（参照2021-04-06）.

注4）「ダスキン株主代表訴訟事件」. 大阪高裁 (H18.6.9). 判例時報. 1979号, p.158.

注5）前掲.

注6）『NTT東日本千葉グループCSR報告書2013』. NTT東日本―千葉. 2013.11, p.23.
〈https://www.ntt-east.co.jp/chiba/csr/pdf/2013all.pdf〉.（参照2021-04-10）

注7）ネットワーク (network) とは、職業的・社会的な目的で情報・経験などの交換をする人でそのグループである。
リーダーズ英和辞典.（机上版）, 1999.5, p.1690.

注8）「企業等不祥事における第三者委員会ガイドライン」. 日本弁護士連合会. 2010.12.17.
〈https://www.nichibenren.or.jp/library/ja/opinion/report/data/100715_2.pdf〉.（参

照2021-08-29）
注9）関西電力・別添資料2：「金品受取り問題にかかる第三者委員会の調査報告書（概要版）」．2020.3.14.
〈https://www.kepco.co.jp/corporate/pr/2020/pdf/0314_2j_02.pdf〉．（参照2021-01-21）．
注10）「関電経営陣ら22人を提訴：株主92億円賠償請求」．読売新聞．2020-06-24, 朝刊．
注11）特別調査委員会．「調査結果報告書（概要版）」．2021.4.16.
〈https://www.kobayashikako.co.jp/news/2021/210416_surveyreport.pdf〉，（参照2021-08-16）
注12）「小林化工116日間業務停止，睡眠剤混入」．読売新聞．2021-02-10, 朝刊．p.1.
注13）前掲．関西電力・別添資料2．p.18.
注14）前掲．p.20.
注15）前掲．p.19.
注16）前掲．「調査結果報告書（概要版）」．p.115.
注17）前掲．p.67-68.
注18）GMPとは、Good Manufacturing Practiceの略、医薬品及び医療部外品の品質を保証するために、これらの製造工程全般を考慮した品質管理を行うことを目的として定められた基準。
『医学書院医学大辞典第2版』．医学書院．2010.5. p.164.
注19）前掲．「調査結果報告書（概要版）」．p.101.

参考文献

アダム・スミス；水田　洋訳．『道徳感情論（上）』．岩波書店，2003.3.
今井賢一, 金子郁容．『ネットワーク組織論』．岩波書店，1988.5.
大和田順子．「企業の市民としての存在」．『月刊自治研』．Vol.33. 381号，自治研究中央推進委員会．1991.6. p.51-55.
奥村　宏．『株式会社に社会的責任はあるか』．岩波書房，2006
C・カドゥシン；五十嵐　裕監訳．『社会的ネットワークを理解する』．北大路書房，2015.8.
菊地高志．「企業の社会的責任と労働者参加」．『法学セミナー増刊』．No.14, 日本評論社，1980.12.
小浜正幸．『よき企業市民への発進』．プレジデント社，1995.4.
坂井素思．『社会的協力論』．放送大学教育振興会，2014.3.
坂井素思．「コミュニケーション信頼とネットワーク信頼」．『社会経営ジャーナル』．No.6, 放送大学社会経営研究編集委員会，2018.11. p.27-29.
〈http://u-air.net/SGJ/〉，（参照2021-01-2）
J・E・ポストほか著；松野　弘ほか監訳．『企業と社会（上）』．ミネルヴァ書房，2012.3.
Jörg, Andriof.;Malcolm, Mclntosh.edit.『Perspectives on Corporate Citizenship』.Greenleft, 2001.

鈴木幸毅, 百田義治.『企業社会責任の研究』. 中央経済社, 2008.3.
首藤信彦.「現代社会の危機管理：現実となった危機管理にどう立ち向かうか」.『日本公共政策学会年報1999』.
　　日本公共政策学会, 1999.1. p.9-10.
関　正雄.『ISO26000を読む』. 日科技連出版, 2011.4.
田村達也『コーポレート・ガバナンス日本企業再生への道』. 中央公論社, 2002.2.
ニコラス・A・クリスタキス, ジェイムズ・H・ファウラー；鬼澤　忍訳.『社会的ネットワークの驚くべき力』. 講談社, 2010.7.
ハンス・ヨナス著；加藤直武監訳.『責任という原理』. 東信堂, 2000.5.
P.F.ドラッカー；有賀裕子訳.『マネジメント務め、責任、Ⅱ』. 日経PB社, 2008.5.
P.F.ドラッカー；上田惇生訳.『経営の真髄：知識社会のマネジメント上』. ダイヤモンド社, 2012.10.
朴　容寬.『ネットワーク組織論』. ミネルヴァ書房, 2003.3.
松岡紀雄.『企業市民の時代』. 日本経済新聞社, 1992.8.
松本恒雄監修.『ISO26000実践ガイド』. 中央経済社, 2011.8.
松野　弘.『企業と社会論とは何か』. ミネルヴァ書房, 2019.1.
森岡清志.『パーソナルネットワーク論』. 放送大学教育振興会, 2012.3.
ロバート・D・パットナム；柴内康文訳.『孤独なボウリング：米国コミュニティの崩壊と再生』. 柏書房, 2006.4.
渡辺　深.『経済社会学のすすめ』. 八千代出版, 2002.4.

あとがき

　今回、これまで執筆してきた論文をまとめて1冊の書籍として出版することになった動機は、何本目かの論文の研究構想を練っていたとき、研究会の special adviser をされ、かつて大学院の修士課程でご指導いただいた教授から「論文は、好奇心、理解力、他人に伝えることが大切である。自分の論文を人に伝えて完結する」という言葉を拝聴し、論文とは、自分で研究した内容を論文としてまとめ、試問や審査を受けただけでは十分ではない。他の人に読んでいただき批評を受けることによって、その論文が生きてくると認識したことによる。

　本研究で取り上げた事例のほとんどは、危機対応に問題があったと認められるものである。本書が企業など組織の不祥事や事故の減少に役立ち、危機を乗り越えるヒントになれば幸甚である。

　出版にあたっては、研究論文の執筆過程でいろいろとご指導いただいた坂井素思名誉教授から、ご自身が多くの教材や研究書籍を出版されているご経験を踏まえた貴重なご教示をいただき励みになった。坂井先生には深く感謝申し上げたい。

　また、大学院の同期生や、研究会のメンバーなどからもエールをいただいた。出版にあたっては、学術研究出版の常務取締役 湯川勝史郎氏からご親切なアドバイスを頂戴し、編集長 瀬川幹人氏や担当の方からカバーのデザインなどについて適切なご提案とご丁寧な編集、校正をしていただいたことに対して感謝致します。

　今回出版できたのはこうしたみなさん方のお陰であると重ねてお礼を申し上げます。

　最後に、陰ながら支えてくれた妻と子どもたちそして、かわいい孫に感謝したい。

2024年12月
森田俊一郎

著者のプロフィール

森田俊一郎 （もりた・しゅんいちろう）

1948年8月18日、宮城県栗原郡（現在の栗原市）で生まれた。地元の県立築館高等学校を卒業後、千葉県に移住した。現在は、君津市・館山市に居住。2008年3月、放送大学教養学部（政治・経済専攻）卒業、2016年3月、放送大学院文化科学研究科文化科学専攻　社会経営プログラム修士（学術）修了.

研究分野は、企業など組織の危機管理.
趣味は、読書、キャンプ、DIY、オートバイ、スノーボード、絵画鑑賞.

企業の身近な危機管理　不祥事など事例分析で分かったこと

2025年2月8日　初版発行

著　者　森田俊一郎
発行所　学術研究出版
〒670-0933　兵庫県姫路市平野町62
[販売] Tel.079(280)2727　Fax.079(244)1482
[制作] Tel.079(222)5372
https://arpub.jp

印刷所　小野高速印刷株式会社
©Morita Shunichiro 2025, Printed in Japan
ISBN978-4-911008-96-6

乱丁本・落丁本は送料小社負担でお取り換えいたします.

本書のコピー、スキャン、デジタル化等の無断複製は著作権法上での例外を除き禁じられています。本書を代行業者等の第三者に依頼してスキャンやデジタル化することは、たとえ個人や家庭内の利用でも一切認められておりません。